Großvaters
beste Gartentipps

KÜCHENGARTEN

Großvaters
beste Gartentipps
KÜCHENGARTEN

© Naumann & Göbel Verlagsgesellschaft mbH, Köln
Autor: Hans-Werner Bastian
Mitarbeit: Peter Himmelhuber
Gesamtherstellung: Naumann & Göbel Verlagsgesellschaft mbH, Köln
Alle Rechte vorbehalten

ISBN 978-3-625-13075-8

www.naumann-goebel.de

Inhalt

Gartengemüse anbauen und pflegen

Auch wer noch keine Erfahrungen im Gartenbau hat, kann bei Befolgung bewährter Grundregeln erfolgreich das erste eigene Gemüse ziehen.

Der Einstieg in den Gemüseanbau

Eigenes Gemüse ist besonders wertvoll, weil auf Pflanzenschutzmittel weitgehend verzichtet werden kann und zur Düngung vorzugsweise natürlicher Kompost eingesetzt wird.

Die Gemüsearten können nach individuellem Geschmack gewählt werden. Besonders interessant ist natürlich der Anbau von Sonderkulturen, die kaum im Handel erhältlich sind. Grundsätzlich macht das Gärtnern in Eigenregie Freude, weil sich die Mühe sichtlich lohnt und die Gartenfrüchte durch eigener Hände Arbeit reichlich wachsen und gedeihen. Allerdings sollte stets mit Maß und Ziel angebaut werden. Sonst ist der Gemüsegarten eher eine Last als ein Vergnügen. Immerhin braucht er fast täglich Pflege. Es gilt also, die Größe richtig abzuschätzen und die Beete entsprechend zu gestalten. Anfänger sollten auf jeden Fall lieber klein einsteigen und erst später, wenn der Gemüseanbau erste Erfolge zeigt und Spaß macht, die Fläche nach Bedarf erweitern. „Einfache" Kulturen wie Radieschen, Kopfsalat und Tomaten erleichtern den Einstieg und sind deshalb zu empfehlen.

Lehrzeit im Garten

Wer mit wenigen ausgewählten Gemüsearten beginnt, bleibt von umfangreichen Ausfällen verschont. Gegen Misserfolge durch schlechtes Wetter, Krankheiten, Schädlinge oder Pflegefehler sind selbst Profigärtner nicht gefeit. Wenn etwa kurz vor der Erntezeit Blattläuse über die Kopfsalatreihen herfallen, bleibt dem Gemüsebauer nichts anderes übrig, als die Pflanzen in den Boden einzufräsen. Spritzmittel sind in dieser Phase nicht mehr zulässig. Für Biobauern sind Insektizide ohnehin verboten. Diese Regel sollte auch im eigenen Garten gelten. Deshalb ist es ratsam, besonders in den ersten Lehrjahren auf kleiner Fläche zu beginnen und zu experimentieren. Verwenden Sie günstige Mischkulturen und resistente Züchtungen.

Zu den „einfachen" Gemüsen gehören neben den bereits genannten beispielsweise auch Kürbisse, die ohne großen Aufwand prächtige Früchte entwickeln. Diese vitalen Fruchtgemüse brauchen jedoch sehr nährstoffreichen Boden. Ebenfalls sehr schnellwüchsig und fruchtbar sind Zucchini. Eine oder zwei Pflanzen genügen schon, um den Bedarf über den ganzen Sommer hindurch zu decken.

Einfach zu kultivieren sind außerdem Stangenbohnen. Es genügt, im April/Mai einige Samen in den Boden zu stecken. Sie bringen dann meterlange Triebe hervor, die sich an Stangen oder Schnüren hochwinden und eine Fülle an Früchten entwickeln.

Nicht alle Gemüsearten vertragen sich miteinander

Es empfiehlt sich, stets mit Gemüsen aus unterschiedlichen Familien abzuwechseln. Es gibt Arten, die sich gegenseitig fördern. Dagegen ist zu vermeiden, solche Pflanzen nebeneinander zu setzen, die sich behindern oder deren Stoffwechselprodukte das Wachstum anderer Pflanzen hemmen. So sind Kombinationen etwa von Tomaten und Gurken, Lauch und Bohnen oder Kohl und Zwiebeln ungünstig und sollten möglichst vermieden werden. Das gilt ebenso für Folgepflanzungen dieser Arten.

Selbst bei besten Bedingungen und dem Einhalten der Regeln bleiben dem Hobbygärtner Ausfälle aber nicht erspart. Sie halten sich meist jedoch in Grenzen, da auf der noch kleinen Anbaufläche nur wenige Exemplare betroffen sind. Hilfreich kann der Rat von Nachbarn sein, die bereits einige Jahre Erfahrungen gesammelt haben. Sie müssen mit denselben Bedingungen zurechtkommen. Hobbygärtner in der Nachbarschaft können außerdem gute Bezugsquellen für Jungpflanzen nennen oder auch mit eigenen Setzlingen dienlich sein, die sie gerade übrig haben. Als Anfänger lohnt sich grundsätzlich der Kontakt zu erfahrenen Kollegen.

Großvaters Tipp

Ihren Gemüsegarten sollten Sie zwei bis drei Wochen vor dem Bepflanzen düngen. Dann haben sich die Nährstoffe bereits im Boden verteilt und können von den Pflanzen gut aufgenommen werden. Da unser Grundwasser schon genug belastet ist, sollten sie auf natürlichen Dünger wie Schaf- oder Pferdemist umsteigen. Der hat den weiteren Vorteil, dass er auch sehr gut die Wärme im Boden hält.

Frisches Gemüse das ganze Jahr hindurch

Ein eigener Gemüsegarten bringt bei richtiger Planung viel Abwechslung auf den Tisch. Fast das ganze Jahr über kann geerntet werden.

Die Vielfalt der Gemüsearten

Gemüse rund ums Jahr

Die Vielfalt an verschiedenen Gemüsepflanzen macht bei geschickter Planung, Sortenwahl, Aussaat und Pflanzung das ganze Jahr eine Ernte aus dem eigenen Garten möglich. Dazu tragen auch Kulturhilfen wie Gewächshäuser, Frühbeete, Folien und Vliese bei, die eine Erntezeitverlängerung im Frühjahr und im Herbst bewirken. Nützlich sind weiterhin günstige Lagermöglichkeiten, in denen insbesondere Wurzel- und Knollengemüse frisch bleiben.

Im Zuge der Sortenwahl sind die Eigenschaften der Züchtungen zu beachten. Ob es sich um frühe, mittelfrühe oder späte Sorten handelt, steht auf der Samenpackung. Sie ist beispielsweise bei der Aussaat von Kopfsalat wichtig. Mit speziellen Frühsorten beginnt die Saatzeit bereits im Februar. Sommersorten sind dazu ungeeignet, weil sie bei dem noch geringen Tageslicht keine Köpfe bilden, sondern „schießen", das heißt Blütenstände entwickeln und auswachsen. Umgekehrt eignen sich Frühsorten nicht für den Anbau im Sommer. Sie können aber wieder im Herbst zum Einsatz kommen, weil dann ähnliche Wachstumsbedingungen herrschen wie im Spätwinter. Insbesondere gleichen sich die Lichtverhältnisse. Ähnlich wie beim Salat ist es beim Kohlrabi, beim Rettich oder bei Radieschen. Auch von diesen Gemüsen gibt es Frühsorten und Sommersorten.

Tutti Frutti – die ganze Palette nutzen

Während vom Frühjahr bis zum Herbst kein Mangel an Gemüsen besteht und manche Arten, wie Zucchini und Tomaten, so reichlich Früchte produzieren, dass die Verwertung schwierig werden kann, hält sich das Angebot in den Wintermonaten in Grenzen. Wer dennoch auf Importware verzichten möchte und weiterhin sein eigenes Gemüse ernten will, ist auf die Aussaat und Pflanzung spezieller Wintergemüse angewiesen. Dazu gehören Kopfsalat, Feldsalat, Winterendivien, Rettich, Radieschen, Sellerie, Chinakohl, Grünkohl, Rosenkohl, Wirsing, Brokkoli, Porree, Pastinake und andere typische Arten und davon etliche Züchtungen. Dazu kommen winterharte Wurzelgemüse, die bei frostfreiem Wetter oder mittels Frostschutz besonders in ihrer Vegetationsruhe für die Ernte zur Verfügung stehen. Zu nennen sind insbesondere der Meerrettich und die Topinambur. Aus einem kühlen Naturlager oder einer Erdmiete bereichern zudem Kartoffeln, Kohl, Karotten und andere lagerfähige Gemüse den Speiseplan. Aus Sonderkulturen kommen der Chicorée und Speisepilze hinzu. So lassen sich u. a. Champignons ganzjährig im Keller kultivieren.

Früh mit Anzucht und Aussaat beginnen

Die erfolgreiche Anzucht von Gemüse ist wesentlich vom Licht abhängig. Während die Tage im Winter zu kurz und zu dunkel für die meisten Arten sind, kann die Saison aber schon im Februar mit der Aussaat von Salat, Rettich, Radieschen und Kohlrabi beginnen. Dann werden die Tage schon spürbar länger. Unter Glas sind die Pflanzen vor Spätfrösten geschützt. Im Haus kann außerdem die Anzucht von Fruchtgemüsen erfolgen, sodass zur Pflanzzeit im April bereits kräftige Jungpflanzen zur Verfügung stehen.

Verlängerung der Erntezeit durch Sorten-Mix

Eine Erntezeitverlängerung lohnt sich auch bei typischen Sommergemüsen. So lässt sich die Verfügbarkeit von Tomaten und anderen Fruchtgemüsen verbessern, indem Pflanzen verschiedener Sorten eingesetzt werden. Wenn eine Sorte etwa durch Krankheiten ausfällt, gibt es zumindest noch Früchte von einer anderen Sorte. Ein Sortenmix erweitert auch die Vielfalt an Früchten. Von Tomaten sind beispielsweise mehr als 400 unterschiedliche Sorten zu bekommen.

Großvaters Tipp

Um die kostbaren Nährwerte des Gemüses auch vollkommen auszunutzen, sollten Sie immer abends ernten. Dies gilt nicht für Bohnen und Erbsen. Deren optimale Erntezeit liegt am frühen Morgen.

Salate – vitaminreiche Blätter

Das Angebot an Salaten ist bei uns heute so groß wie noch nie zuvor. Die meisten im Handel erhältlichen Salatarten und -sorten kann man auch selbst im Garten anbauen.

Als Blattsalate bezeichnet man neben den kopfbildenden Lactucaarten, die im Folgenden vorgestellt werden, auch weitere Blattgemüsearten, die man für die Salatzubereitung verwenden kann. Wenn also von Salaten gesprochen wird, handelt es sich dabei botanisch gesehen um Pflanzen, die aus ganz verschiedenen Familien stammen. Die meisten Arten gehören aber zur großen Familie der Korbblütler.

In der modernen Ernährung spielen Salate eine immer größere Rolle, weil sie gesund sind und nicht dick machen. Der Energiegehalt liegt nur bei 15 bis 20 kcal pro 100 g. Außerdem bieten Salate einen hohen Anteil an Ballaststoffen, die den Darm anregen und die Verdauung fördern. Da es bei Salat auf die Frische ankommt, lohnt der Anbau im Küchengarten.

Kopfsalat, Blattsalat, Bindesalat, Eissalat (Lactuca sativa)

Merkmale

Diese Korbblütler *(Asteraceae)* stammen vom wilden Lattich ab. Darauf weisen die gelben Blüten hin, die sich an ausgewachsenen Pflanzen bilden. Bei Kulturpflanzen sind die Blüten unerwünscht. Durch Züchtung sind deshalb Sorten entstanden, die nicht „schießen" (d. h. keine Blüten bilden). Die enorme Sortenvielfalt bietet eine große Auswahl an grünen oder rotblättrigen Züchtungen. Zur Gattung *Lactuca* gehören der Blattsalat, der Eissalat, der Pflücksalat und der Bindesalat. Die Auswahl ist von der Jahreszeit abhängig.

Salat wird so gepflanzt, dass immer reife Köpfe zur Verfügung stehen.

Anbau und Pflege

Der Anbau ist im Garten vom Spätwinter bis zum Herbst möglich, wenn ein Gewächshaus oder Frühbeet zur Verfügung steht. Im Frühjahr und im Herbst kommen schossfeste Frühsorten zum Einsatz. Im Sommer sind nur spezielle Sorten geeignet, die auch an den langen Tagen geschlossene Köpfe bilden. Kopfsalat ist ein idealer Lückenfüller, da er sich mit vielen anderen Gemüsen verträgt und eine kurze Kulturzeit hat (4–6 Wochen). Nur der Bindesalat und der Eissalat brauchen länger und natürlich auch der Pflücksalat, der nach und nach abgeerntet wird. Die Vermehrung erfolgt durch Aussaat mit Vorkultur im Haus. Jungpflanzen sind fast das ganze Jahr auch in Gartenmärkten und Gärtnereien zu bekommen. Sie lassen sich direkt in den Garten oder ins Gewächshaus setzen und bilden in wenigen Wochen erntereife Köpfe. Besonders bei Jungpflanzen ist ein Schutz vor

Der grüne Kopfsalat ist der beliebteste Salat auf deutschen Tellern. Er kann von Mai bis Oktober im Freiland angebaut werden, vorher und nachher auch unter Glas.

Grüner Eichblattsalat hat Blätter, die ähnlich geformt sind wie Eichenlaub.

Roter Eichblattsalat ist wie der grüne kräftiger im Geschmack als normaler Kopfsalat.

Lollo Rosso stammt aus Italien. Die rot gefärbten Blätter sind sehr dekorativ.

Lollo Bionda ist die hellgrüne Variante. Die Blätter sind stark gekräuselt.

Römischer Salat heißt auch Bindesalat, weil die Köpfe früher zugebunden wurden.

Schnecken wichtig. Gegen Blattlausbefall hilft das regelmäßige Lüften der Frühbeetfenster oder des Gewächshauses.

Feldsalat (Valerianella locusta)

Merkmale
Dieses Baldriangewächs ist ein typischer Herbst- und Wintersalat. Es gibt großblättrige und kleinblättrige Sorten. Die kleinblättrigen haben in der Regel das intensivere Aroma, das so köstlich an den Geschmack von Nüssen erinnert.

Anbau und Pflege
Man sät Feldsalat im August/September ins Freiland oder unter Glas. Bei strengem Frost mit Vlies oder Folie abdecken. Sonst braucht der Feldsalat keine besondere Pflege. Pflanzen, die vergessen wurden,

Großvaters Tipp
Weil die Keimrate beim Feldsalat sehr hoch ist, sollte beim Pflanzen in Reihen ein Abstand von 15 cm eingehalten werden.

Feldsalat ist ein typischer Salat für Herbst und Winter. Er verträgt sogar Frost problemlos.

kommen im Garten zur Blüte und Samenreife. Sie säen sich dann mitunter selbst aus und verwildern auf den Beeten.

Endivie (Cichorium endivia)

Merkmale
Diese Salatpflanze ist mit der Wegwarte verwandt. Sie bildet üppige Köpfe aus festen welligen Blättern. Die äußeren Blätter haben eine frischgrüne Farbe. Innen sind zunächst gelbe und danach weiße Blätter angeordnet. Die Salatköpfe kommen bei rechtzeitiger Ernte nicht zur Blüte. Nur ausgewachsene Pflanzen blühen im Sommer.

Frisée ist die krausblättrige Variante des Endiviensalates.

Endiviensalat ist wie Feldsalat ein typischer Herbst- und Wintersalat.

Anbau und Pflege

Die Aussaat oder Pflanzung erfolgt im Sommer. Für die Ernte im Winter kann Endiviensalat im Spätsommer auch ins Gewächshaus oder ins Frühbeet gepflanzt werden. Endivien gedeihen auf geschützten sonnigen Plätzen in nährstoffreichem Boden. Sie brauchen bis zur Bildung fester erntereifer Köpfe reichlich Wasser. Zudem ist gründliche Bodenlockerung erforderlich.

Bei Nässe sind die Blätter des Endiviensalats jedoch anfällig für Fäulnis. Sie sollten daher möglichst nicht direkt auf die Pflanzen gießen, sondern nur den Boden rundherum bewässern! Zudem regelmäßig die Schnecken absammeln oder abwehren.

Chicorée (Cichorium intybus var. foliosum)

Merkmale

Einige Gemüse stammen von heimischen Wildpflanzen ab. Die Verwandtschaft ist oft allerdings kaum noch zu erkennen. So ist auch der Chicorée durch Züchtung aus der wilden Wegwarte entstanden, mit der auch der zuvor beschriebene Endiviensalat verwandt ist.

Der Chicorée stammt von der blau blühenden wilden Wegwarte ab.

Angeblich ist Chicorée schon seit der Römerzeit bekannt. Die Staude wurde aber wohl nur als Blattgemüse genutzt. Die Wurzelzichorie ist seit etwa 1850 in Kultur. Sie diente früher als Kaffee-Ersatz, der auch heute wieder zu bekommen ist. Die Mutter aller Blatt- und Wurzelzichorie-Züchtungen ist die wilde Wegwarte *(Cichorium intybus)*. Die blauen Blüten dieser mehrjährigen Staude entfalten sich bei sonnigem Wetter nur am Vormittag. Die Wildpflanze hat wenig Ähnlichkeit mit den Züchtungen. Sie entwickelt nur ein spärliches Blattwerk aus verhältnismäßig schwachen Wurzeln. Wilde Wegwarten siedeln

Großvaters Tipp

Wer den bitteren Geschmack des Chicorée mildern will, sollte ihn vor der Weiterverarbeitung für fünf Minuten in lauwarmes Wasser legen.

sich recht häufig an Wegrändern und auf Brachland an. Auf günstigen Plätzen, insbesondere auf nährstoffreichen, feuchten Lehmböden, bilden sie ausdauernde Bestände, die jedes Jahr den Sommer hindurch blühen. Die typischen Korbblütler sind auch mit der Wildform des Endiviensalates *(Cichorium endivia)* verwandt, die ihre Heimat im Mittelmeerraum hat.

Anzucht, Pflanzung, Pflege
Für den Anbau von Blattzichorie und Chicorée für die Treiberei werden gleichermaßen von April bis Juni Jungpflanzen vorkultiviert. Die Aussaat erfolgt am besten direkt im Freiland auf vorbereitetem Gartenboden. Die Sämlinge werden in der Reihe auf Abstände von 10 cm vereinzelt. Die Reihenabstände sollten etwa 30 bis 40 cm betragen. Bis zum Herbst entwickeln sich so kräftige Jungpflanzen, die zur Ernte bereitstehen.

Zum Treiben werden die benötigten Wurzeln vorsichtig ausgegraben. Das Laub ist ohne Beschädigung der Wurzelspitzen – dem „Herz" der Pflanzen – zu entfernen. Zum Einschlagen dienen Kunststoffkübel oder tiefe Tontöpfe. Sobald die Wurzeln senkrecht in den Gefäßen mit Gartenerde sitzen, werden sie etwa 20 cm dick mit lockerer Erde bedeckt. Sie lassen sich sogleich zum Treiben anregen. Dazu kommen die Kübel in einen beheizten Raum. Bei etwa 20 °C entwickeln sich aus den Wurzelspitzen die typischen Sprosse, die dann zur Ernte bereitstehen. Die Treiberei dauert etwa 4 bis 6 Wochen. Sobald die Spitzen der Chicorée-„Rüben" aus der Erde schauen, werden sie bei Bedarf freigelegt und mit einem Wurzelstück abgeschnitten, damit die Blätter nicht auseinanderfallen. Wenn die Wurzeln unbeschädigt bleiben und die Blätter über dem Herz abgeschnitten werden, beginnen sie nochmal zu treiben und bringen einen neuen Spross hervor. Es lohnt sich, mehrere Gefäße in zeitlichen Abständen mit Wurzeln aus dem Garten zu bestücken. Bei frostfreiem Wetter ist die Ernte bis in den Winter hinein möglich. So gibt es bis zum Frühjahr frischen Chicorée aus dem Keller.

Zum Treiben werden die Wurzeln ausgegraben und das Grün abgetrennt.

In Töpfen oder Eimern entwickeln sich aus den Wurzeln die typischen Chicorée-Sprosse.

Neben den belgischen Witloof-Typen bieten die Züchter auch neue Sorten an, die ohne Anhäufeln bleiche Sprosse bilden. Es gibt grünweiße und rot-weiße Züchtungen.

Radicchio und Zuckerhut (*Cichorium intybus var. foliosum*)

Merkmale
Bekannte Zichorie-Typen sind der „Zuckerhut" und der Radicchio, von dem es wiederum verschiedene Sorten gibt. Neben Frühsorten für die Sommerernte und Spätsorten für den Herbst sind auch Sorten zum Überwintern zu bekommen. Diese werden gleicher-maßen im Garten kultiviert.

Radicchio hat knackig feste Blätter, die von weißen Rippen durchzogen sind.

Der Zuckerhut bildet spitze Köpfe mit fleischigen Blättern.

Anbau und Pflege
Der Anbau von Zichoriesalat im Garten erfolgt etwas später als die Anzucht von Chicorée – je nach Sorte etwa von Mai bis Juni. Die Kultur ist ähnlich und erfordert sehr nährstoffreichen Boden. Günstig sind mittelschwere Lehmböden mit guter Wasserversor-gung.

Salatzichorie bildet bis zum Herbst feste Köpfe, die recht frosthart sind. Mit Folie oder Vlies lassen sich Fröste abschwächen und Blattschäden verhindern. Im Herbst ist es dann Zeit zum Entfernen der Blätter bis auf jeweils kurze Strünke. Danach bekommen die Pflanzen einen Frostschutz aus Stroh oder Vlies. Sie treiben im Spätwinter aus und entwickeln Blätter für die ersten Frühsalate aus dem eigenen Garten.

Rucola oder Rauke (*Eruca sativa*)

Merkmale
Obwohl die Rauke schon im Mittelalter wegen der in ihr enthaltenen Senföle als Heilpflanze genutzt wurde, kommt sie erst seit einigen Jahren wieder in Mode. Die würzigen Blätter, die denen des Radies-

Wenn Sie Rucola auswachsen lassen, bilden sich wunderschöne Blüten.

chens ähneln, und die Blüten ergeben einen geschmackvollen Salat. Sie eignen sich auch zum Verbessern von Rohkostgerichten und zum Würzen von Suppen.

Anbau und Pflege
Dieses Kohlgewächs aus dem Mittelmeerraum lässt sich ganzjährig im Gewächshaus kultivieren. Im Freiland beginnt die Aussaatzeit im April/Mai, wenn keine Fröste mehr zu erwarten sind. Die recht genügsamen Pflanzen lassen sich auch in Kästen und Kübeln erfolgreich ansiedeln.

Brunnenkresse (Nasturtium officinale)

Merkmale
Die in der Natur vorzugsweise an klaren Bächen wild wachsende Brunnenkresse lässt sich auch im Garten ansiedeln. Sie ist wegen ihres würzigen Geschmacks

Großvaters Tipp
Vor allem auf den Kanarischen Inseln ist Brunnenkresse als Würzmittel für Suppen und Eintöpfe beliebt.

und ihrer wertvollen Wirkstoffe schon immer eine beliebte Salatpflanze gewesen. In der Naturmedizin wird Brunnenkresse zur Bekämpfung von Frühjahrsmüdigkeit verwendet. Außerdem sagt man ihr „blutreinigende" Wirkung nach.

Anbau und Pflege
Brunnenkresse ist ausdauernd, wenn sie einen ständig feuchten Platz bekommt. Der kann etwa in einer Wasserwanne im Gemüsegarten, an einem Gartenteich oder an einer künstlichen Quelle liegen. Günstig wirkt sich eine Wasserzirkulation auf die Entwicklung aus. Die Vermehrung ist durch bewurzelte Ausläufer möglich.

Brunnenkresse braucht ständige Feuchtigkeit. Sie kann in Töpfen gezogen werden.

Löwenzahn
(Taraxacum officinale)

Merkmale

Mit dem Löwenzahn ist es wie mit vielen anderen Wildkräutern oder ungewöhnlichen Gemüsen. Sie enthalten Pflanzensäfte oder auch Bitterstoffe, die nicht jedem schmecken. Vor dem Anbau sollten zunächst frische Blätter von Wildpflanzen verkostet werden (aber nur von ungespritzten Flächen). Obwohl die Gartensorten dieser sehr vitalen Salatpflanze weniger bitter schmecken, sind auch sie nicht mit milden Salatblättern wie denen des Kopfsalats zu vergleichen.

Die Kulturformen des Löwenzahns sind weniger bitter als die Wildpflanzen.

Anbau und Pflege

Löwenzahn bildet im Garten ausdauernde Bestände, die schon im März eine erste Ernte ermöglichen. Die Blütenbildung sollte man verhindern, sonst samen sich die wüchsigen Kräuter überall im Garten aus. Die pflegeleichte Staude bringt auf nährstoffreichen Böden reichlich Blattmasse hervor. Wenn Sie die Wurzeln des Löwenzahns im Herbst ausgraben, können Sie ihn wie Chicorée im Haus zum Treiben anregen.

Winterportulak
(Montia perfoliata)

Merkmale

Winterportulak ist auch unter dem Namen „Indianersalat" bekannt, was auf seine nordamerikanische Herkunft hinweist. Seine fleischigen, tellerförmigen Blättchen sitzen an etwa 10 cm langen Stielen und sind rosettenförmig angeordnet. Der leicht säuerliche und nussartige Geschmack macht den Portulak zum idealen Partner in Salatmischungen mit den eher geschmacksneutralen Kopfsalaten.

Winterportulak oder „Indianersalat" hat einen leicht säuerlichen Geschmack.

Anbau und Pflege

Winterportulak wächst auch bei niedrigen Temperaturen und kann daher im unbeheizten Gewächshaus sogar im Winter angebaut werden.

Blatt- und Stielgemüse

Mangold (Beta vulgaris)

Merkmale
Dieses Blattgemüse aus der Familie der Gänsefußgewächse *(Chenopodiaceae)* ist eigentlich ein Rübengewächs und direkt mit der Runkelrübe verwandt. Der Geschmack der Blätter lässt dies auch erkennen. Der Mangold ist recht robust und eignet sich gut zur Mischkultur mit vielen anderen Arten – Gänsefußgewächse und Spinat ausgenommen.

Anbau und Pflege
Bei der Aussaat oder Pflanzung im Frühjahr entwickeln sich bis zum Herbst üppige Blattbüschel, die nach und nach gepflückt werden können. Bei nicht

Mangold gibt es in verschiedenen Farben, oben sieht man ihn mit roten Stängeln.

zu strengem Frost ist der Mangold winterhart. Die Sorten mit roten oder gelben Blättern haben auch einen dekorativen Wert.

Spinat (Spinacia oleracea)

Merkmale
Das einjährige Fuchsschwanzgewächs *(Amaranthaceae)* bildet aus einer kräftigen Wurzel Rosetten mit dunkelgrünen rundlichen Blättern. Die Pflanzen sollten nicht zur Blüte kommen, da sie dann an Geschmack verlieren. Nur ausgewachsene Pflanzen bringen ihre Blütenstände im Sommer hervor.

Im Spätsommer ausgesäter Spinat kann im Herbst geerntet werden.

Anbau und Pflege
Die Aussaat erfolgt im Spätwinter für die Ernte im Frühjahr oder im Spätsommer für die Ernte im Herbst. Die Kultur ist auch unter Glas möglich. Für eine rasche Entwicklung der Blattrosetten braucht der Spinat einen sonnigen bis halbschattigen Platz auf lockerem gut versorgtem Boden. Neben der Bewässerung ist die Bodenlockerung nicht zu vernachlässigen. Überwinternde Pflanzen erhalten einen Frostschutz mit Vlies oder mittels Frühbeettunnel. Damit der Spinat kein Nitrat in den Blättern anrei-

chert, sollte er nicht mit Stickstoffdünger versorgt, sondern besser mit organischem Dünger (z. B. Kompost) gedüngt werden.

Stangen- und Schnittsellerie (Apium graveolens)

Merkmale
Die zweijährigen Doldenblütler *(Apiaceae)* bilden im ersten Jahr Pflanzen mit würzigen Blättern und Blattstielen. Der Knollensellerie (siehe Seite 30) entwickelt zudem Wurzelverdickungen, die als Gemüse gekocht werden. Im zweiten Jahr bringen die Pflanzen ihre gelben Blütendolden hervor, aus denen Samen reifen.

Anbau und Pflege
In der Regel erfolgt die Ernte bereits im ersten Jahr, sodass sich im Garten nur bei ausgewachsenen Pflanzen Blüten bilden. Die Anzucht beginnt im März im Haus. Kräftige Sämlinge können dann von Mai bis Juni ins Freiland ausgepflanzt werden. Sowohl für Stangensellerie als auch für Schnittsellerie ist ein lockerer und nährstoffreicher Boden günstig. Während der Wachstumszeit brauchen die Pflanzen reichlich Wasser. Zudem muss der Boden rings um die Pflanzen regelmäßig gelockert werden. Die neuen Stangenselleriesorten bilden auch ohne das aufwändige Bleichen gelbe Stiele. Sorten, die grüne Blattstiele entwickeln, bleiben durch das Anhäufeln mit Erde gelb. Die Erntezeit beginnt im August, sobald sich Stängel gebildet haben. Sie können stückweise abgeschnitten oder ausgebrochen werden.

Schnittsellerie ist mit seinen ätherischen Ölen ideal zum Würzen von Suppen.

Beim Schnittsellerie lassen sich die Blätter schon während des Sommers schneiden oder abpflücken. Sellerie verträgt sich als Doldenblütler gut mit Kohl, Bohnen, Tomaten und anderen Gemüsen.

Fenchel (Foeniculum vulgare)

Merkmale
Der Doldenblütler *(Apiaceae)* bildet eine oberirdische Knolle aus dicken Blattstielen. Darauf breiten sich fiederige Blätter aus. In Kultur kommt die Pflanze nicht zur Blüte; nur ausgewachsene Fenchelpflanzen oder als Kräuter kultivierte bringen große gelbe Doldenblüten hervor. Die Dolden entfalten sich im Sommer. Daraus entwickeln sich die Fenchelsamen.

Fenchelgemüse ist reich an Vitamin C und Mineralien.

Anbau und Pflege
Die Aussaat erfolgt ab März im Haus. Jungpflanzen kommen ins Gewächshaus oder ab Mai ins Freiland. Fenchel sollte nicht neben andere Doldenblütler gepflanzt werden. Das Gemüse aus dem Mittelmeerraum braucht im Garten einen sonnigen Platz auf lockerem, nährstoffreichem Boden. Neben der Bewässerung trägt das Anhäufeln zur Bildung schöner weißer Knollen bei.

Variantenreiche Kohlgemüse

Kohlrabi (Brassica oleracea var. gongylodes)

Merkmale
Dieses Kohlgemüse ist vermutlich durch Kreuzung von Wildkohl mit der wilden weißen Rübe entstanden. Die essbare „Knolle" ist eine Sprossverdickung. Es gibt rote und grüne Züchtungen, die sich im Geschmack ähnlich sind. Die Sortenwahl richtet sich unter anderem nach der Anbauzeit.

Anbau und Pflege
Die Robustheit des Kohlrabi und die recht kurze Kulturzeit machen einen Anbau vom Frühjahr bis zum Sommer möglich. Allerdings ist ein Fruchtwechsel mit anderen Gemüsen nötig. Die Kreuzblütler (Bras-sicaceae) lassen sich gut mit Salat, Tomaten, Gurken und Bohnen kombinieren. Kohlrabi brauchen reichlich Nährstoffe und Wasser. Die Kulturzeit dauert von der Pflanzung bis zur Ernte zwischen 4 und 6 Wochen. Die Knollen lassen sich frisch als Rohkost nutzen oder gekocht als Gemüse.

Blumenkohl (Brassica oleracea var. botrytis)

Merkmale
Bei diesem Kohlgemüse bilden große Hüllblätter eine Rosette, in deren Mitte ein Blütenstand wächst. Es gibt Sorten für den Frühanbau, für den Sommeranbau und für den Herbstanbau. Neben den cremeweißen Züchtungen sind auch grüne und violette Sorten zu bekommen.

Anbau und Pflege
Alle Blumenkohlsorten brauchen einen sonnigen Platz mit nährstoffreichem Boden. Die Ernte erfolgt rechtzeitig vor dem Aufblühen. Damit die Knospen

Kohlrabi können je nach Sorte von Frühjahr bis Herbst angebaut werden.

Beim Blumenkohl wird der schmackhafte Blütenstand der Pflanze verzehrt.

weiß bleiben und nicht durch das Sonnenlicht vergilben, werden sie mit den Hüllblättern abgedeckt, die man dazu nach innen herunterknickt. Blumenkohl lässt sich in Mischkultur mit Salat, Kartoffeln, Dill und Rote Bete kultivieren. Dagegen sind andere Kohlgewächse sowie Zwiebelgemüse schlechte Nachbarn. Die Anzucht ist langwierig und sollte daher professionellen Gärtnern vorbehalten bleiben. Jungpflanzen gibt es von April bis Juni. Es dauert ca. 3 Monate, bis sich nach der Pflanzung die Blütenköpfe bilden. Bis dahin braucht der Blumenkohl viel Wasser. Zum Schutz vor Kohlfliegen und Kohlweißlingen setzt man Schutznetze ein.

Großvaters Tipp

Wird zu oft hintereinander Kohl auf demselben Beet angepflanzt, fördert das den Herniebefall. Um dieser Krankheit vorzubeugen, sollte man die Hauptkultur erst nach drei Jahren wieder auf genau dasselbe Beet ausbringen.

Brokkoli (Brassica oleracea var. italica)

Anbau und Pflege

In der Kultur ist Brokkoli dem Blumenkohl sehr ähnlich. Als Starkzehrer braucht er einen nährstoffrei-

Brokkoli gilt als besonders gesund. Er soll eine krebsabwehrende Wirkung haben.

chen Boden. Ein Fruchtwechsel mit anderen Kohlarten ist unbedingt nötig. Bei regelmäßigem Ernten der Blütenstände bilden sich neue aus Seitenknospen nach, die aber kleiner bleiben. Beim Anbau ist auf eine günstige Sortenwahl zu achten. Insbesondere eignen sich im Sommer nur schossfeste Sorten, die nicht zu schnell aufblühen.

Weißkohl (Brassica oleracea var. capitata f. alba)

Merkmale
Der Weißkohl bildet geschlossene Köpfe aus festen wachsigen Blättern. Botanisch gesehen sind es Sprossverdickungen. Es gibt etliche Sorten mit flachen, runden oder spitzen Köpfen. Besonders im eigenen Garten lohnt es sich, mit verschiedenen Sorten abzuwechseln. Jungpflanzen erhält man durch Aussaat ab März oder kauft sie in der Gärtnerei. Damit sich schöne Köpfe bilden, ist auf eine günstige Sortenwahl zu achten (je nach Jahreszeit Frühsorten, mittelfrühe Sorten oder späte Sorten pflanzen). Frühe Sorten sind schon im Juni erntereif. Späte Sorten gibt es bis Oktober.

Anbau und Pflege
Weißkohl braucht als Starkzehrer einen nährstoffreichen Lehmboden, der kalkhaltig sein sollte. Zur Pflege gehört die regelmäßige Bewässerung und das Hacken des Bodens. Ein Nachdüngen während der Wachstumszeit fördert die Kopfbildung.
Gegen Schädlinge ist die Mischkultur mit Kopfsalat, Tomaten, Sellerie, Bohnen, Erbsen, Spinat und anderen Gemüsen nützlich, jedoch nicht mit Kohlarten und anderen Kreuzblütlern.

Später Weißkohl ist kälteunempfindlich und kann bis in den Winter geerntet werden.

Rotkohl (Brassica oleracea var. capitata f. rubra)

Merkmale

Diese Kopfkohlsorte unterscheidet sich vom Weiß-kohl nur durch die Farbe. Das Rot oder Blau kommt durch die Wirkung von Anthocyanen zustande. Die Färbung ist unter anderem vom pH-Wert des Bodens abhängig. Je niedriger der pH-Wert, desto intensiver ist die Rotfärbung. Auf saurem Boden bildet der Rot-kohl also rote Köpfe, auf kalkhaltigem blauviolette. Anbau und Pflege erfolgt wie beim Weißkohl.

Rotkohl gehört als Gemüse traditionell zu vielen Winterge-richten wie Gans.

Wirsing (Brassica oleracea var. sabauda)

Merkmale

Der Wirsing gehört wie der Weißkohl und der Rot-kohl zu den Kopfkohlarten. Er bildet jedoch keinen glatten Kopf mit Wachsschicht, sondern krause, wel-lige Blätter. Es gibt etliche Sorten für den frühen Anbau im März sowie mittelfrühe und späte für die Pflanzung im Sommer. Die Vermehrung ist durch Vorkultur im Haus oder bei späten Sorten auch durch die Direktsaat im Garten möglich. Jung-pflanzen gibt es ab März in Gärtnereien.

Anbau und Pflege

Wirsing braucht als Starkzehrer einen nährstoffrei-chen und lockeren Boden. Die Mischkultur ist mit Tomaten, Gurken, Roter Bete und Sellerie sehr günstig. Andere Kreuzblütler sind eher als schlechte Nachbarn zu bezeichnen. Eine Abwechslung ist auch bei der Fruchtfolge zu beachten. Die Ernte erfolgt ca. 3 Monate nach der Pflanzung.

Wirsinggemüse ist eine Delikatesse. Er braucht nur eine sehr kurze Garzeit.

Grünkohl (Brassica oleracea var. sabellica)

Merkmale

Dieser Kohl bildet anders als Weißkohl, Rotkohl und Wirsing keine geschlossenen Köpfe, sondern einen Stängel mit straußförmigen gekrausten Blättern. Es gibt verschiedene für den Gartenbau geeignete Sorten, darunter sind auch solche mit violetten Blät-tern.

Anbau und Pflege

Je nach Sorte erfolgt die Aussaat ab Mitte Mai ins Freiland. Die Sämlinge werden in ihr Beet pikiert, sobald sie nach den Keimblättern die ersten richtigen Blätter gebildet haben. Die jungen Pflanzen brauchen einen sonnigen Platz mit nährstoffreichem Boden. Grünkohl ist ein Winterkohl und wie alle Kohlgemüse ein Starkzehrer. Am besten gibt man ihm zur Pflanzzeit reichlich Kompost. Grünkohl sollte aber nicht mit frischem Mist gedüngt werden, denn das verschlechtert seinen Geschmack und vermindert zudem die Frosthärte.

Grünkohl kann sehr gut nach und neben Salat oder Spinat angebaut werden. Eine Nachpflanzung nach anderen Kreuzblütlern ist zu vermeiden, ebenso die Nachbarschaft zu solchen Gemüsen (etwa zu Kohlrabi, Rettich etc.). Neben der Wasserversorgung ist die Bodenlockerung nicht zu vernachlässigen. Das Wintergemüse ist völlig frosthart. Je länger die Pflanzen auf dem Beet bleiben, umso besser wird ihr Geschmack, zumal sich zunehmend mehr Zucker entwickelt.

Rosenkohl (Brassica oleracea var. gemmifera)

Merkmale
Diese Kohlzüchtung bringt einen bis zu 100 cm hohen Stängel hervor, an dem sich die „Röschen" entwickeln. Wie Grünkohl gewinnt auch der Rosenkohl mit zunehmender Kälte erst richtig an Geschmack.

Am Stängel bilden sich die sogenannten Röschen, die wie kleine Kohlköpfe aussehen.

Anbau und Pflege
Die Aussaat erfolgt im April/Mai direkt in den Garten. Die Sämlinge werden anschließend vereinzelt. Der Rosenkohl ist ein Starkzehrer mit Langzeitkultur. Dementsprechend muss der Boden nährstoffreich sein.

Rosenkohl sollte nicht nach oder neben Kohlarten und anderen Kreuzblütlern kultiviert werden. Nach der Pflanzung im Mai dauert es ungefähr 20 Wochen, bis die Strünke „Röschen" tragen. Neben der Bewässerung und Bodenlockerung ist das Entspitzen des Haupttriebes im Spätsommer von Nutzen, damit die Pflanzen ihre Kräfte zur Bildung der „Röschen" einsetzen. Sie können den Winter hindurch auf dem Beet bleiben. Vor sehr strengem Frost sollte man sie allerdings schützen (z. B. durch Vliesauflage oder durch den Einschlag an einem geschützten Ort). Faulige „Röschen" und welke Blätter sind umgehend zu entfernen.

Beim Rosenkohl sollte der Haupttrieb im Sommer entspitzt werden.

Kohlrübe (Brassica napus L. ssp. rapifera)

Merkmale
Die Kohlrübe oder Steckrübe bildet keine Knolle, sondern eine Rübe. Die Rüben sind roh oder gekocht essbar.

Anbau und Pflege
Die Aussaat erfolgt ab Mai im Freiland. Im Garten braucht die Kohlrübe sonnige bis halbschattige Plätze auf gut versorgten Böden. Wie bei anderen Kohlgemüsen ist eine Mischkultur mit Pflanzen anderer Familien empfehlenswert. Kohlrüben haben eine verhältnismäßig lange Kulturzeit. Die Ernte beginnt erst Ende September. Neben der Bewässerung gehört das Hacken des Bodens zur Pflege.

Chinakohl (Brassica rapa L. ssp. pekinensis)

Merkmale
Der Chinakohl bildet lockere Köpfe aus großen Blättern mit einer fleischigen Mittelrippe. Ideal sind kalkhaltige und humusreiche Böden in sonniger Lage.

Der Chinakohl hat lockere Blätter, die als Gemüse oder Salat genutzt werden können.

Anbau und Pflege
Jungpflanzen werden von Juni bis August durch Aussaat in Töpfe oder direkt ins Freiland vermehrt. Bei zu früher Saat kommen die Pflanzen zum Blühen. Hacken und gute Bewässerung sind für die Kopfbildung wichtig. Wie andere Kohlgemüse sollte der Chinakohl ein Schutznetz gegen Kohlweißlinge erhalten. Die Köpfe sind nach ca. 3 Monaten erntereif und können bis zu den ersten strengen Frösten auf dem Beet bleiben. Die geernteten Köpfe samt Wurzelballen sollten Sie kühl und feucht im Keller lagern.

Pak Choi (Brassica rapa L. ssp. chinensis)

Merkmale
Dieses asiatische Gemüse bildet lockere Köpfe aus großen Blättern und sieht durch die hellen Blattstiele eher dem Mangold ähnlich. Pak Choi schmeckt milder als der verwandte Chinakohl.

Pak Choi sieht dem Mangold ähnlich, ist aber mit dem Chinakohl verwandt.

Anbau und Pflege
Die Aussaat für die Ernte im Herbst erfolgt ab Anfang Juli im Freiland. Die Jungpflanzen werden dann auf dem Beet vereinzelt. Wie bei anderen Kohlgewächsen ist eine Nachbarschaft oder Folgekultur mit Kreuzblütlern zu vermeiden. Die Pflege beschränkt sich auf das Gießen und Hacken.

Wurzel- und Knollengemüse

Karotte (Daucus carota ssp. sativus)

Merkmale

Dieses Wurzelgemüse, auch als Möhre, Mohrrübe oder Gelbe Rübe bekannt, gehört zu den Doldenblütlern (Apiaceae). Die Kulturform stammt von der Wilden Karotte ab, die oft an Wegrändern verwildert. Mittlerweile gibt es mehr als 50 verschiedene Sorten mit gelben, orangefarbenen, schwarzen oder weißen Wurzeln in unterschiedlichen Größen und Formen. Besonders im eigenen Garten lohnt es sich, viele Sorten zu kultivieren, zumal der Anbau nicht schwierig ist und keine Unverträglichkeiten mit anderen Gemüsearten bekannt sind.

Anbau und Pflege

Die Aussaat kann schon im zeitigen Frühjahr direkt in Reihen erfolgen. Die verhältnismäßig schnell wachsenden Karotten lassen sich in mehreren Folgen bis zum Spätsommer säen. Allerdings ist ein Standortwechsel nötig. Für eine gute Entwicklung brauchen die Wurzeln einen tiefgründigen lockeren Boden in sonniger bis halbschattiger Lage. Das Gießen und Hacken sind die wichtigsten Pflegearbeiten. Zudem sollten zu eng stehende Sämlinge frühzeitig vereinzelt werden.

Ein Gemüseschutzvlies verhindert den Befall durch die Möhrenfliegen. Günstig wirkt sich auch die Mischkultur mit Zwiebeln aus. Die Beipflanzung von Tagetes vertreibt Wurzelälchen.

Karotten können ab dem zeitigen Frühjahr mehrmals hintereinander ausgesät und somit kontinuierlich geerntet werden.

Kartoffelkäfer, die manchmal in Scharen über die Pflanzen herfallen, sind einfach durch das Absammeln zu dezimieren. Ansonsten tritt gelegentlich Kraut- und Knollenfäule auf. Nach der Blütezeit sterben die Pflanzen ab. Sobald die Triebe braun und verwelkt sind, beginnt die Ernte der Knollen. Kartoffeln sind empfindlich gegen Sonne und Frost. Sie brauchen ein kühles, aber frostfreies und dunkles Lager. Sonnenlicht lässt sie grün werden.

Kartoffel (Solanum tuberosum)

Merkmale
Das Nachtschattengewächs *(Solanaceae)* bringt aus einer Knolle einen kleinen Busch mit vielen Trieben hervor. Neue Pflanzen werden durch Knollen vermehrt. Aus jeder Knolle entwickelt sich ein mehrtriebiger Busch. Die Mutterknolle verkümmert, während bis zum Sommer Tochterknollen heranreifen. Im eigenen Garten sind auch Anbauversuche mit neuen oder ungewöhnlichen Sorten möglich, die im Handel selten zu bekommen sind.

Anbau und Pflege
Kartoffeln brauchen einen lockeren und nährstoffreichen Boden in sonniger Lage. Nach der Pflanzung im April werden die Knollen mit Erde angehäufelt. Regelmäßige Bewässerung fördert die Entwicklung neuer Knollen. Im Sommer bildet die einjährige Pflanze weiße oder violette Blütcn. Die Früchte, die daraus reifen, sind giftig!

Kartoffeln müssen, wenn sie das Grun ausgebildet haben, angehäufelt werden.

Rettich und Radieschen (Raphanus sativus)

Merkmale
Botanisch gesehen gehört dieses Gemüse zu den Kohlgewächsen (*Brassicaceae*, früher *Cruciferae* = Kreuzblütler). Die einjährige Pflanze bildet eine unterirdische Rübe, die sich mit feinen Faserwurzeln versorgt. Die rauen Blätter nutzen das Licht und wandeln es in Zucker und Stärke um. Auch sie sind wertvoll und lassen sich zum Aufgießen von Tee nutzen.

Die uralte Gemüsepflanze wurde und wird, seit sie in Kultur ist, ständig züchterisch bearbeitet. So gibt es heute eine große Vielfalt an Formen und Farben. Neben den weißen Sorten (z. B. 'Münchner Bier') sind rote (z. B. 'Ostergruß') oder auch schwarze (z. B. 'Langer schwarzer Winter'), braune (z. B. 'Mainkrone') und blaue Rettiche (z. B. 'Hilds blauer Herbst') zu bekommen. Zum Sortiment gehören ebenso die Radieschen.

Für den Frühanbau unter Glas, so etwa im Frühbeet, eignen sich schossfeste Frühsorten, wie 'Aspro', 'Neckarruhm' oder auch 'Rex'. Diese Züchtungen können das noch schwache Tageslicht besser nutzen als Sommersorten, die unter Glas leicht „schießen", das heißt vorzeitig Blüten bilden.

Anbau und Pflege
Wie alle Kohlgewächse sollten auch Rettiche nicht nach oder neben anderen Kohlgewächsen angebaut werden. Rettiche brauchen sehr tiefgründigen, lockeren und nährstoffhaltigen Boden, damit sie lange und kräftige Rüben bilden. Auf schwerem oder verdichtetem Boden kümmern sie.

Für eine zügige Entwicklung ist es nötig, die Sämlinge nach der Keimung zu verziehen, das heißt zu dicht stehende Pflänzchen zu vereinzeln. Der Anbau ist mit

Rote Rettiche

Schwarze Rettiche

den verschiedenen Sorten vom zeitigen Frühjahr bis zum Herbst möglich. Spezielle Wintersorten, die vorzugsweise unter Glas gesät werden, machen sogar die Ernte in den Wintermonaten möglich.

Die Aussaat kann direkt in Reihen erfolgen. Rettiche lassen sich auch in Torftöpfen im Haus vorkultivieren und dann ins Freie oder ins Frühbeet umpflanzen. Nicht vergessen dürfen Sie dabei das Aufschneiden des Topfbodens mit einem Messer, damit die Wurzeln ungehindert in den Boden eindringen können.

Rettiche und Radieschen haben wenige Feinde. Probleme können Erdflöhe machen, die aber durch regelmäßiges Hacken leicht zu vertreiben sind. Gegen Rettichfliegen hilft ein Schutzvlies, das über das Beet ausgebreitet oder als Tunnel auf Drahtbögen gelegt wird. Ebenso bewährt hat sich die Mischkultur mit Karotten. Wichtig ist eine reichliche Bewässerung des

Bodens, damit die Rüben nicht holzig werden oder Risse bekommen.

Rettiche und Radieschen gehören zu den Gemüsen, die Nitrat speichern. Sie entziehen dem Boden überschüssiges Nitrat und legen es in den Rüben fest. Es lohnt sich deshalb, die Pflanzen nach biologischen Richtlinien anzubauen. Insbesondere ist auf schnellwirksame Stickstoffdünger zu verzichten. Zudem sollte die äußere Rinde abgeschält werden, da sich hier das Nitrat ansammelt.

Rote Bete (Beta vulgaris)

Merkmale

Das zweijährige Fuchsschwanzgewächs *(Amaranthaceae)* hat seinen Namen aufgrund der intensiv roten Farbe und wird einjährig kultiviert. Auch beim Kochen bleibt die Farbe erhalten. Rote Bete bilden dicke rübenförmige oder kugelige Wurzeln und oberirdisch ein Büschel großer Blätter.

Rote Bete haben eine intensiv rote Farbe. Auch die Blätter sind essbar.

Hier sieht man Rote Bete, die eine Kugelform aufweisen, andere sind rübenförmig.

Anbau und Pflege

Die Aussaat erfolgt im April/Mai direkt ins Freiland und zwar möglichst nicht neben Kartoffeln, Porree und auch Spinat. Rote Rüben brauchen einen sonnigen Platz auf tiefgründigem lockerem Boden mit guter Nährstoffversorgung. Dazu tragen Kompostgaben und Steinmehl bei. Nach der Keimung müssen die Pflanzen vereinzelt werden.

Dabei kann man bereits junge Rübchen ernten. Zur Ausreifung brauchen die Roten Beten etwa 20 Wochen, wobei der Boden gelockert und feucht gehalten wird. Das Hacken hilft auch gegen Erdflöhe.

Schwarzwurzel (Scorzonera hispanica)

Merkmale

Der Korbblütler (Asteraceae) aus dem Mittelmeerraum bildet im Garten ausdauernde Horste, die viele Jahre ihre Blätter und Blüten treiben. Für die Ernte der langen Wurzeln werden die Pflanzen jedoch nur einjährig kultiviert. Einige Exemplare sollen jedoch auswachsen dürfen, zumal die schönen Blüten nach Schokolade duften. Neue Pflanzen sind durch Aussaat oder durch Teilung zu gewinnen. Ebenso lassen sich einige noch austriebsfähige Wurzeln aus der Küche zur Vermehrung nutzen und in den Garten auspflanzen.

Anbau und Pflege

Die Aussaat ist im Frühjahr direkt in den Garten möglich, oder man zieht die Pflanzen im Haus vor. Das Asterngewächs ist gut mit anderen Gemüsen verträglich. Für die Entwicklung langer fleischiger Wurzeln ist ein tiefgründiger lockerer Boden in sonniger Lage nötig. Wer auf die Blütenbildung verzichten möchte, um lieber mehr Wurzeln zu ernten, sollte die Blütentriebe ausbrechen. Zudem ist regelmäßiges Wässern und Hacken nötig. Bei längerer Nässe sind die Blätter anfällig für Pilzkrankheiten. Ein luftiger, sonniger Stand fördert die Gesunderhaltung. Die frostharten Pflanzen können im Winter im Boden bleiben. Die Wurzeln lassen sich bei Bedarf frisch ernten.

Frisch geerntete Schwarzwurzeln ergeben ein schmackhaftes und gesundes Gemüse.

Knollensellerie (Apium graveolens var. rapaceum)

Merkmale

Anders als Stangen- und Schnittsellerie bildet diese Varietät eine braune Knolle, die teilweise aus dem Boden ragt. Die Blätter der Pflanze sind wie die Knollen gleichermaßen essbar. Sie dienen vor allem als Würzkraut.

Anbau und Pflege

Die Aussaat erfolgt im März im Haus. Die Jungpflanzen kommen erst Mitte Mai in den Garten. Knollensellerie braucht als Starkzehrer einen sonnigen Platz auf nährstoffreichem Humusboden. Wichtig sind eine ausreichende Wasserversorgung und eine regelmäßige Bodenlockerung. Die Ernte kann im Oktober beginnen, sobald die äußeren Blätter welken.

Wurzelpetersilie werden als Gemüse zubereitet oder zu delikaten Suppen verarbeitet.

Die Sellerieknollen ragen teilweise aus dem Boden hervor.

Wurzelpetersilie (Petroselinum crispum var. radicosum)

Merkmale

Im Gegensatz zur Schnittpetersilie bildet diese Art fleischige Wurzeln, die wie Karotten als Gemüse zubereitet oder zum Würzen genutzt werden. Der Doldenblütler *(Apiaceae)* ist zweijährig und bringt im zweiten Jahr Blüten hervor. Die Kultur im Garten dauert jedoch nur ein Jahr, da eine Blütenbildung unerwünscht ist.

Anbau und Pflege

Die Aussaat erfolgt vom Frühjahr bis zum Frühsommer direkt ins Freiland. Wegen der langen Keimzeit ist eine Markierungssaat mit Radieschen empfehlenswert.
Schneller sind üppige Bestände durch den Einsatz von Topfpflanzen aus der Gärtnerei zu bekommen. Für die Entwicklung kräftiger Wurzeln erhält die Petersilie einen lockeren tiefgründigen Boden in sonniger bis halbschattiger Lage. Die Pflanzen brauchen reichlich Wasser und eine regelmäßige Bodenlockerung. Die Beipflanzung von Tagetes schützt gegen Wurzelälchen. Die Erntezeit beginnt im Spätherbst. Für die Ernte im Winter ist ein luftiger Frostschutz nützlich.

Pastinake (Pastinaca sativa)

Merkmale

Der mit der Wurzelpetersilie verwandte Dolden-blütler *(Apiaceae)* kommt an Wegrändern oft wild vor. Typisch sind die gelben Blütendolden. Im Garten kommen die Kulturpflanzen nicht zum Blühen, zumal sie nur einjährig gezogen werden.

Die Ernte der intensiv schmeckenden Pastinakenwurzeln beginnt im Oktober.

Anbau und Pflege

Die Wildpflanze braucht in Kultur einen sonnigen bis halbschattigen Platz auf tiefgründigem, nährstoffrei-chem Gartenboden. Für eine gute Wurzelbildung sollte der Boden regelmäßig gehackt werden. Die Aussaat kann bereits im März im Freiland beginnen. Der Anbau von Pastinaken sollte nicht neben oder nach Karotten, Petersilie und anderen Doldenblütlern erfolgen. Die Ernte der geschmacksintensiven Wur-zeln ist bereits ab Oktober möglich.

Topinambur (Helianthus tuberosus)

Merkmale

Diese Sonnenblumenart ist eine ausgesprochen stark-wüchsige Staude. Vor der Pflanzung sollte der enorme Ausbreitungsdrang bedacht werden.

Anbau und Pflege

Die Vermehrung ist einfach mit Wurzelknollen mög-lich. Nach der Pflanzung braucht die Staude keine besondere Pflege. Sie bringt meterlange Triebe hervor, die im Spätsommer gelbe, nach Schokolade duftende Blüten entfalten.

Die Wurzelknollen werden im Herbst nach dem Welken der Blätter ausgegraben. Sie sollten immer frisch geerntet werden, weil sie nicht lange haltbar sind.

Topinambur ist eine Sonnenblumenart, deren Wurzeln geerntet werden.

Großvaters Tipp

Topinambur enthält keine Stärke, sondern einen hohen Anteil an Inulin, das einen positiven Ein-fluss auf den Cholesterin, aber kaum Auswirkungen auf den Blutzuckerspiegel hat. Das Gemüse ist daher für Diabetiker hervorragend geeignet.

Schmackhafte Fruchtgemüse

Aubergine
(Solanum melongena)

Merkmale

Dieses mit der Tomate verwandte Nachtschattengewächs braucht viel Wärme. Am besten gedeihen Auberginen unter Glas oder Folie, insbesondere auf gut gedüngtem Boden (z. B. im Mistbeet).
Die subtropische Pflanze ist einjährig und erreicht eine Höhe von etwa 1 m. An gut verzweigten Trieben entfalten sich große filzige Blätter. Die kleinen bläulichen Blüten weisen auf die Verwandtschaft mit den Nachtschattengewächsen hin. Der Flor beginnt im Mai und dauert bis zum Spätsommer an. Ab Juni reifen die ersten Früchte heran. Wenn die Blüten nicht fruchten, kann durch die Bestäubung mit einem Pinsel nachgeholfen werden.

Anbau und Pflege

Jungpflanzen sind durch Aussaat vermehrbar. Die Pflanzung der vorgezogenen Sämlinge erfolgt im Mai. Die wärmebedürftigen Pflanzen sollten einen geschützten Platz, vorzugsweise im Gewächshaus, in nährstoffreichem Boden bekommen. Während der Wachstumszeit brauchen Auberginen reichlich Wasser. Zudem müssen sie gestäbt und geheftet werden. Wie bei Tomaten kneift man die Seitentriebe aus und lässt nur einen Haupttrieb stehen. Damit sich große Früchte entwickeln, bleiben nur etwa 5 Blüten erhalten, sobald sie befruchtet sind. Weiße Fliegen, Blattläuse und andere Schädlinge werden am besten mit biologischen Mitteln abgewehrt (z. B. mit Leimfallen).

Auberginen sollten bei uns vorzugsweise im warmen Gewächshaus gezogen werden.

Bohne (Phaseolus vulgaris)

Merkmale

Busch-, Stangen-, Feuerbohnen und deren Sorten stammen wie viele andere Gemüse aus Südamerika. Stangenbohnen bilden schlingende Triebe, Buschbohnen erreichen nur Kniehöhe.

Alle Sorten gehören gleichermaßen zur Familie der Schmetterlingsblütler. Als solche eignen sie sich gut für Mischkulturen mit anderen Gemüsen. Nur mit Zwiebelgemüse und Erbsen vertragen sie sich schlecht.

Anbau und Pflege

Bohnen sind frostempfindlich und werden erst im Mai im Freiland ausgesät. Die Jungpflanzen brauchen einen wirksamen Schneckenschutz. Kletternde Arten erhalten Stangen oder Schnüre zum Winden. Die Blütezeit beginnt Ende Juni und dauert den ganzen Sommer an. Aus den Blüten entwickeln sich die Hülsenfrüchte. Zur Erntezeit werden immer wieder die noch zarten Hülsenfrüchte durchgepflückt, sodass ständig neue nachwachsen. Achtung: Bohnen sind roh giftig!

Stangenbohnen brauchen ein Rankgitter, an dem sie sich emporwinden.

Buschbohnen werden in Reihen gelegt. Aus 3 bis 5 Bohnen entsteht ein kräftiger Busch. Ab Juli kann geerntet werden.

Erbse (Pisum sativum)

Merkmale

Die verschiedenen Erbsensorten bilden Hülsenfrüchte. Es gibt Markerbsen, Schalerbsen und Zuckererbsen. Die Schmetterlingsblütler entwickeln an den Triebenden lange Sprossranken, mit denen sie die erforderlichen Kletterhilfen umklammern.

Anbau und Pflege

Die Aussaat erfolgt rechtzeitig im Mai ins Freiland. Möglich ist auch die Vorkultur im Haus in Torftöpfen. Als Stickstoffsammler sind Erbsen nicht auf nährstoffreichen Boden angewiesen. Allerdings sollte der Boden durchlässig und locker sein. Eine sonnige Lage fördert die gesunde Entwicklung. Erbsen brauchen im Garten eine geeignete Kletterhilfe (z. B. ein Maschendrahtgeflecht). Zudem

Erbsen brauchen Kletterhilfen. Das können z. B. in den Boden gesteckte Reiser sein.

Junge Gurken werden frisch als Salat gegessen oder als ganze Früchte eingemacht.

müssen sie stets gut gewässert werden. Der Flor beginnt je nach Sorte im Mai. Aus den Blüten bilden sich während des Sommers die essbaren Hülsenfrüchte.

Wichtig ist ein luftiger Stand, um Mehltau und anderen Pilzkrankheiten vorzubeugen.

Gurke (Cucumis sativus)

Merkmale

Dieses tropische Kürbisgewächs *(Cucurbitaceae)* braucht vor allem viel Wärme und einen Regenschutz. Sowohl beim Freiland- als auch beim Glashausanbau sollten Sie unbedingt mehltauresistente Sorten wählen oder solche Pflanzen, die auf den Feigenblattkürbis veredelt sind.

Anbau und Pflege

Jungpflanzen sind durch Aussaat und Vorkultur im Haus vermehrbar. Veredelungen gibt es im Gartencenter. Die Aussaat oder Pflanzung erfolgt nach den letzten Bodenfrösten im Mai im nährstoffreichen

Die großen Schlangengurken brauchen eine Rankhilfe aus Draht oder Stahlgeflecht.

Boden. Beim Gießen – stets mit lauwarmem Wasser – sollten die Blätter trocken bleiben.

Schlangengurken brauchen unbedingt eine Kletterhilfe (z. B. Schnüre). Auch den Beetgurken bekommt ein Klettergerüst gut (z. B. aus Baustahlmatten). Hier wachsen sie luftig und lassen sich leicht abernten. Regelmäßiges Durchpflücken lohnt sich, damit sich neue Früchte bilden.

Kürbis (Cucurbita pepo)

Merkmale

Wie viele Fruchtgemüse haben auch die Kürbisse ihre ursprüngliche Heimat in Mittelamerika. Die vielen Züchtungen sind aber mittlerweile weltweit in Kultur. Neben den großen runden Speisekürbissen, die im Herbst leuchtend goldgelb auf den Beeten reifen, gibt es eine Fülle an verschiedenen Sorten mit

Kürbisse bilden je nach Sorte Früchte, die mehr als einen Zentner wiegen können.

Zu den beliebtesten Speisekürbissen gehören die gelbfleischigen Hokkaido-Sorten.

Halloween-Kürbisse wurden speziell zum Schnitzen gezüchtet.

eiförmigen, länglichen oder flachen Früchten in vielen Farben.

Cucurbita pepo ist der botanische Name für die meisten Formen des Gartenkürbisses. Neben dem bekannten Speisekürbis, der im Herbst die Kinderherzen in Laternenform erfreut oder erschreckt – je nach Art der Gestaltung –, können Sie den Sommer über sehr gut Zucchini ziehen, die zur selben Pflanzengattung gehören. Zucchini werden allerdings unreif geerntet, solange sie noch zart und ohne Kerne sind. Eine andere Art namens *Cucurbita ficifolia,* der Feigenblattkürbis, dient weniger zum Verspeisen, als vielmehr zum Veredeln von Gurken (siehe oben). Diese verwandten Gemüse werden im Frühjahr auf junge Sämlinge gepfropft. Das macht sie widerstandsfähiger gegen Mehltau. Ein anderer Verwandter, der allerdings einer anderen Gattung zugeordnet wurde, bildet im Herbst holzige Früchte, die für Schalen und andere Gefäße sowie für Musikinstrumente gebraucht werden: der Kalebassenkürbis *(Lagenaria siceraria).* Man erkennt ihn auch an seinen typischen weißen Blüten.

Der Gartenkürbis bringt gelbe Blüten hervor. Die Pflanze ist einhäusig, das heißt, sie trägt weibliche und männliche Blüten auf einem Exemplar. Die angebotenen Züchtungen bilden aber vorwiegend weibliche Blüten, die auch ohne Bestäubung fruchten. Es lohnt sich deshalb, zu Züchtersaatgut zu greifen, damit mit Sicherheit reiche Ernten ins Haus stehen. Selbstverständlich lassen sich auch Samen von eigenen Früchten für die Anzucht nutzen. Kürbiskerne bleiben bis zum Frühjahr keimfähig, wenn sie vom Fruchtfleisch befreit und trocken gelagert werden. Die Jungpflanzen aus eigener Vermehrung eignen sich gleichermaßen zur Begrünung von Spalieren, Zäunen oder als Bodendecker auf freien Flächen. Sie sind oft wüchsiger als Sämlinge, die aus Züchtersaatgut entstanden sind. Wer genügend Anbaufläche oder freie Plätze an Zäunen oder Spalieren hat, sollte sowohl Sämlinge aus selbst geernteten Kürbiskernen als auch solche aus Züchtersaatgut pflanzen.

Anbau und Pflege

Die Pflanzzeit beginnt im Mai, wenn keine Fröste mehr zu erwarten sind. Wer will, kann schon vorher mit der Anzucht im Haus beginnen. Dann stehen zur Pflanzzeit schon kräftige Jungpflanzen bereit. Es hat sich aber gezeigt, dass Samen, die erst im Mai direkt im Garten gesteckt werden, den Vorsprung der vorkultivierten Jungpflanzen meist bald aufholen. Ein nährstoffreicher lockerer Humusboden kommt einer raschen Entwicklung zugute. Reichliche Nährstoffversorgung fördert natürlich die Reifung großer Früchte. Nach der Pflanzung brauchen Kürbissämlinge keine besondere Pflege. Sie kommen mit den natürlichen Regenfällen zurecht. In Mitteleuropa ist deshalb auch der flächige Anbau auf Feldern möglich. Schädlinge und Krankheiten machen den vitalen Gewächsen selten zu schaffen. Vielmehr ist im Garten darauf zu achten, dass die kräftigen Triebe anderen weniger vitalen Gewächsen nicht zu sehr auf den Leib rücken. Der Ausbreitungsdrang der Kürbisse ist deshalb schon vor der Pflanzung zu beachten.

Kürbisse auch in Kübeln kultivieren

Kürbisse sind sehr dekorative Kübelpflanzen, die meterlange Triebe, große schöne Blüten und dann im Herbst die typischen Früchte hervorbringen. Die wärmebedürftigen Gewächse gedeihen auch am Balkon oder auf der Terrasse, wenn sie in große Pflanzgefäße mit nährstoffreichem, beständig lockerem Substrat getopft werden.

Tipp: Sorten-Mix

Es lohnt sich, verschiedene Kürbissorten zu vermehren. Die Sortenvielfalt ist mittlerweile kaum zu

Die Sorte 'Bischofsmütze' wird für Suppen und zum Backen genommen.

Zierkürbisse gibt es in vielen Farben und Formen.

überschauen. Neben den großen orangefarbenen Speisekürbissen gibt es eine Fülle an Züchtungen, die zum Teil sehr ungewöhnliche Früchte tragen und als sogenannte Zierkürbisse zur herbstlichen Dekoration benutzt werden können. Versuche lohnen sich auch mit den angesprochenen Kalebassenkürbissen *(Lagenaria)* zur Gewinnung von haltbaren Früchten zum Basteln von Gefäßen oder Musikinstrumenten.

Melone *(Cucumis melo)*

Merkmale

Von diesem wärmeliebenden Fruchtgemüse gibt es etliche Sorten (z. B. Zuckermelonen, Netzmelonen oder Cantaloupemelonen). Die Kürbisgewächse bringen an schlingenden Trieben ihre Blätter und Früchte hervor. Wie der verwandte Kürbis entfalten

Melonen brauchen viel Wärme, um zu gedeihen und kommen ins Gewächshaus.

auch Melonen große fächerförmige Blätter, die sich je nach Sorte unterscheiden. Die kleinen gelben Blüten sitzen in den Blattachseln. Die Pflanze ist getrenntgeschlechtlich. Sie bildet weibliche und männliche Blüten.

Anbau und Pflege

Die Aussaat erfolgt im Frühjahr im Haus. Die Jungpflanzen kommen dann im Mai ins Frühbeet oder Gewächshaus. Sie brauchen einen nährstoffreichen lockeren Boden. Neben der Bewässerung und einem Schutz vor Nässe sollten die schlingenden Triebe eine Kletterhilfe erhalten. Die Blätter sind anfällig für Mehltau. Vorbeugend ist ein sonniger luftiger Platz unter Glas die beste Abwehrmaßnahme. Zudem sollte beim Gießen mit lauwarmem Wasser nur der Boden nass werden. Die Blätter sollten nach Möglichkeit trocken bleiben. Kräftige Pflanzen entfalten im Juni die ersten Blüten. Nach der Bestäubung reifen dann bis zum August/September die großen runden Früchte.

Paprika (Capsicum annuum)

Merkmale

Das einjährige Fruchtgemüse aus der Familie der Nachtschattengewächse ist in vielen Sorten zu bekommen. Die Pflanzen bilden kleine verholzende Stämmchen mit guter Verzweigung. In den Blattachseln öffnen sich kleine weiße Blüten. Daraus entwickeln sich rote, gelbe, grüne oder violette Früchte – je nach Sorten in vielen Formen.

Anbau und Pflege

Die Aussaat erfolgt im Spätwinter im Haus. Kräftige Sämlinge erhalten ihren Platz im Garten ab Mai oder im Gewächshaus ab April. Die subtropischen Pflanzen brauchen einen geschützten Platz, vorzugsweise im Gewächshaus oder Frühbeet. Neben der Wasserversorgung und Düngung ist das Stäben und Heften der Stämmchen nötig. Der Flor beginnt im Mai und dauert bis zum Spätsommer. Bei frostfreiem Wetter reifen bis zum Spätherbst Früchte.

Nur in ausgesprochen warmen Sommern gedeihen Paprika im Freiland gut. Man pflanzt sie besser ins Gewächshaus.

Prächtige Fleischtomaten, die sich sowohl roh verzehren lassen als auch zum Kochen verwendet werden können.

Tomate (Solanum lycopersicum)

Merkmale

Ohne „Paradiesäpfel" müsste auf viele Speisen verzichtet werden. Vor allem sind italienische Gerichte wie Pizza und Pasta ohne die roten Früchte nicht zu denken. Im Winter werden Tomaten sogar aus südlichen Ländern eingeflogen. Am besten schmecken sie aber frisch aus dem eigenen Garten.

Anbau und Pflege

Die Anzucht von Jungpflanzen sollte rechtzeitig beginnen. Bereits im März, wenn die Tage spürbar länger werden, ist es Zeit zur Aussaat. Es lohnt sich, verschiedene Sorten zu kultivieren. Dadurch vergrößert sich das Angebot an geschmacklich unterschiedlichen Früchten. Zudem lässt sich die Erntezeit verlängern. Neben alten bewährten Sorten sind vor allem solche Neuzüchtungen zu empfehlen, die eine gewisse Resistenz gegen die Krautfäule haben. Diese Pilzkrankheit kann erhebliche Probleme machen und völlige Ausfälle zur Folge haben. Als recht widerstandsfähig haben sich die kleinen Cocktailtomaten gezeigt, die nahe mit den Wildtomaten verwandt sind. Obwohl auch sie nicht verschont bleiben, greift die Krankheit erst verhältnismäßig spät auf diese Sorten über. Zu den großfrüchtigen Züchtungen, die weniger anfällig sind, gehören: 'Pyros', 'Verano', 'Hilmar' und 'Master'. Völlig resistente Züchtungen gibt es leider noch nicht.

Nach der Auswahl der Sorten und der Aussaat in Schalen mit lockerem Substrat gehen die feinen Samen in einem warmen Zimmer in wenigen Tagen auf. Nach der Keimung brauchen die Sämlinge viel Licht. Falls nötig, muss der Fensterplatz bei trübem Wetter zusätzlich mit einer Pflanzenleuchte künstlich versorgt werden. Dazu eignen sich auch gewöhnliche Energiesparlampen, die Sie nur nahe an die Saatgefäße heranbringen müssen. Sobald sich kräftige Pflänzchen entwickelt haben, ist es Zeit zum Pikieren (vereinzeln). Dazu dienen kleine Töpfe mit nährstoffreichem Pflanzsubstrat. Nach dem Topfen sind die Sämlinge vor allem auf viel Licht und Wärme angewiesen. An milden Tagen kommt den Jungpflanzen ein Aufenthalt im Freien sehr zugute. Abgehärtete Tomatenpflänzchen sind wesentlich stabiler als verwöhnte. Natürlich macht das Aus- und Einräumen Mühe. Die Anzuchtgefäße dürfen nicht im Freien vergessen werden, sonst macht eine Spätfrostnacht den ganzen Jungpflanzenbestand zunichte. Damit sie zügig aufwachsen, brauchen die kleinen Tomatensämlinge außer Licht, Luft und Wärme reichlich Wasser und Nährstoffe. Bei Bedarf bekommen sie größere Töpfe mit frischer Erde.

Erst im Mai, wenn keine Fröste mehr drohen, ist es Zeit zum Auspflanzen in den Garten. Tomaten brauchen auch weiterhin viel Licht und geschützte, aber luftige Plätze. Der Boden sollte locker und tiefgründig sein. Anders als die meisten Gemüse können Tomaten jedes Jahr am selben Ort kultiviert werden. Ein Fruchtwechsel ist normalerweise nicht nötig. Nur bei einem Befall durch die Krautfäule ist ein Standortwechsel in ausreichende Entfernung empfehlenswert. Es dauert allerdings einige Jahre, bis die Pilzsporen im Boden abgestorben sind.

Zu vermeiden ist eine Mischpflanzung mit anderen Nachtschattengewächsen. Insbesondere sollten Tomaten nicht direkt neben Kartoffeln stehen. Beide Pflanzen werden von der Krautfäule befallen. Günstig wirken sich Küchenkräuter als Partner aus. Eine pilzabwehrende Wirkung kann Knoblauch haben. Ebenfalls förderlich ist eine Nachbarschaft mit Kopfsalat, Radieschen, Kohlarten, Petersilie, Sellerie, Spinat oder Kapuzinerkresse.

Tomatenkultur unter Glas

Obwohl die feinen Faserwurzeln viel Wasser brauchen, sollten Tomatenblätter keine Feuchtigkeit abbekommen. Zum Schutz vor Regen haben sich Kunststoffhauben bewährt. Besser ist es, bereits im Frühjahr unter Glas zu pflanzen oder wasserabweisende Unterstände zu schaffen. Am einfachsten

Tomatenpflanzen brauchen einen Stab oder eine andere Stütze zum Anbinden.

Sehr beliebt sind die wenig krankheitsanfälligen kleinen Cocktailtomaten, die sich auch gut in Kübeln ziehen lassen.

Vor der gefährlichen Braunfäule hilft ein Regendach.

gelingt dies mithilfe von Frühbeetfenstern, die auf Holzpflöcke oder einen Metallrahmen aufgebockt werden.

Die Glasdächer halten Regen ab, machen aber die Durchlüftung ungehindert möglich. Bei der Kultur im Gewächshaus ist ebenso für eine gute Durchlüftung zu sorgen. Recht praktisch sind automatische Fensterheber, die auch einen Hitzestau verhindern helfen. Schon nach der Pflanzung bekommen die jungen Tomaten Stützstäbe. Das können selbst gemachte Holzpfähle sein oder spezielle Tomatenstäbe aus dem Gartenhandel. Im Gewächshaus ist das Auflenken auch mit Schnüren möglich, die am Dach befestigt werden. Wichtig ist, dass die Stützen langfristig den nötigen Halt geben. Immerhin müssen sie im Sommer der Last der Früchte standhalten. Bis dahin werden die Pflanzen immer wieder aufgebunden oder bei Wendelstäben und Schnüren nach oben gerichtet. Bei dieser Gelegenheit lassen sich die jungen Geiztriebe ausknipsen, die sich immer wieder aus den Blattachseln entwickeln. Das sollte rechtzeitig geschehen, solange die störenden Seitentriebe noch jung und weich sind. Zudem ist es für die Gesunderhaltung förderlich, die bodennahen Blätter zu entfernen. Sie werden sonst leicht durch Spritzwasser von schädlichen Bodenpilzen befallen. Der Wurzelraum sollte immer gut durchfeuchtet sein. Wassermangel verursacht bei Tomaten rissige Früchte.

Frische Tomaten bis zum Herbst

Bei einer Pflanzung kräftiger, blühfähiger Sämlinge im Mai und einer optimalen Versorgung reifen etwa Ende Juni schon die ersten Früchte. Regelmäßiges Durchpflücken fördert die Blüten- und Fruchtbildung.

Bei gutem Wetter gibt es bis in den Herbst hinein ständig frische Früchte. Besonders ertragreich sind übrigens die kleinen Cocktailtomaten. Von gesunden Pflanzen lassen sich fast täglich etliche Früchte pflücken.

Topftomaten auf dem Balkon

Kleine Züchtungen eignen sich vorzüglich als nützliche Zierpflanzen. Sie lassen sich zusammen mit Sommerblumen in Balkonkästen und Kübeln kultivieren. Selbst gewöhnliche Stabtomaten gedeihen in Pflanzgefäßen recht gut. Sie brauchen aber ausreichend Wurzelraum. Sehr gut haben sich großräumige Mörtelwannen als Pflanzbehälter bewährt. In diesen 50 l fassenden Kunststoffkübeln entwickeln sich die Tomatenpflanzen genauso gut wie im Garten.

Zucchini (Cucurbita pepo)

Merkmale

Zucchini oder Zucchetti sind Kürbispflanzen und brauchen wie diese reichlich Wärme, nährstoffreichen Boden und viel Wasser.

Bei ungünstigen Bedingungen bringen sie nur männliche Blüten hervor und entwickeln dann natürlich keine Früchte. In der Regel blühen aber auch weibliche Blüten auf, sodass die Büsche reich und regelmäßig fruchten. Neben den bekannten flach wachsenden Sorten gibt es auch kletternde. Bei den Früchten finden Sie neben den länglichen grünen auch kugelige oder gelb gefärbte.

Anbau und Pflege

Ähnlich wie Kürbisse werden Zucchini ab April im Gewächshaus oder auf der Fensterbank in Töpfchen vorgezogen. Beim Aussetzen ins Freiland sollten Sie großzügige Abstände wählen, da die Pflanzen sich kräftig entwickeln und viele Nährstoffe brauchen. Zucchini müssen immer wieder durchgepflückt werden, damit sie blühfähig bleiben und neue Früchte ansetzen. Bei sehr feuchtem Wetter empfiehlt

Zucchini sollten Sie nicht zu groß werden lassen, denn dann werden sie hart.

es sich, Stroh unter die Früchte zu legen, damit sie nicht faulen. Die beste Qualität haben Früchte von 15 bis 20 cm Länge. Werden sie größer, bilden sie Samen und werden holzig.

Zuckermais (Zea mays)

Merkmale

Dieses Grasgewächs ist als weitverbreitete Feldfrucht bekannt. Die bei uns immer häufiger zu sehenden riesigen Maisfelder dienen meist der Tierfuttermittelerzeugung. Der schmackhafte Zuckermais wird seltener angebaut. Ursprünglich stammt der Mais – wie viele andere Nutzpflanzen, die heute weltweit kultiviert werden – aus Mittelamerika. Der Starkzehrer verträgt die Düngung mit Gülle, sodass er in landwirtschaftlichen Betrieben mit großen Stallviehbeständen als Verwerter der tierischen Abfallprodukte von großem Nutzen ist. Der Anbau von Körnermais oder Silomais, der im Herbst gehäckselt und in Silos eingelagert wird, prägt in vielen Regionen mit nährstoffreichen Böden die Landschaft. Die starkwachsenden Süßgräser werden oft mehr als 2 m hoch.

Je jünger die Kolben beim Zuckermais geerntet werden, desto zarter sind.

Anbau und Pflege

Während auf den Feldern vorwiegend Sorten für Tierfutter angebaut werden, haben sich als Gartenpflanzen mehr die Zuckermaiszüchtungen etabliert. Sie unterscheiden sich hinsichtlich ihrer Bedürfnisse nicht von den Futtermaissorten. Zuckermais braucht einen tiefgründigen, nährstoffreichen Boden und viel Wasser, damit er kräftige Pflanzen bilden kann, an denen dann im Spätsommer die wohlschmeckenden Fruchtkolben reifen. Die frostempfindlichen Gräser lassen sich erst im Mai direkt im Freien säen. Sie können aber durch Vorkultur unter Glas oder auf der Fensterbank zur Pflanzzeit kräftige Sämlinge bereithalten, die sich dann im Freiland zügig entwickeln. Wie auf den Feldern bilden sich im Sommer schon mannshohe Pflanzen.

Mais eignet sich deshalb gut als Windschutz an der Nordseite des Gemüsegartens. Er kann ebenso als Raumteiler oder als Sichtschutz, etwa am Gartenzaun, gezogen werden. Die exotisch wirkenden Gräser passen – ähnlich wie Chinaschilf und Bambus – als Zierpflanzen in Sommerblumenrabatten oder Staudenbeete. Hier setzen sie Akzente oder bilden eine grüne Kulisse im Hintergrund der Blumen.

Maisgruppen an der Terrasse sorgen mit ihren im Wind raschelnden Blättern stets für ein angenehmes Ambiente. Die einjährigen Gräser können bis in den Spätherbst erhalten bleiben, zumal auch das braune Blattwerk noch dekorativ wirkt und Sichtschutz bietet. Nach der Ernte landen die Pflanzen dann auf dem Komposthaufen. Vorheriges Zerkleinern im Häcksler fördert die Verrottung. Wie im Garten können Maispflanzen auch in Kübeln und Kästen einen wirksamen Sichtschutz bieten. In geräumigen Pflanzgefäßen mit reichlich nährstoffhaltigem Substrat bilden diese Grasgewächse kräftige Exemplare, die aus den kleinen Körnern mehr als 1 m hohe Büschel mit glänzend grünem Blattwerk hervorbringen.

Großvaters Tipp

Mais sollte möglichst rasch nach der Ernte verzehrt werden, da der Zucker sonst in Stärke umgewandelt wird. Bereits nach 24 Stunden ist der Zuckergehalt um die Hälfte reduziert.

Würzige Zwiebelgemüse

Küchenzwiebel (Allium cepa)

Merkmale

Die Vielfalt an Zwiebeln ist groß. Neben der Küchenzwiebel *(A. cepa)* mit weißen, grünen, roten und gelben Sorten in vielen Formen (rund, birnenförmig oder flach) bietet die Art eine Reihe von Varietäten. Dazu gehören Etagenzwiebeln *(A. cepa var. viviparum),* die keine Blüten bilden, sondern Brutzwiebeln

Zwiebeln werden in Reihen gesät oder gesteckt. Sie bilden kräftiges Lauch.

Die Schalotten bilden nicht nur eine Zwiebel, sondern mehrere Tochterzwiebeln.

(ähnlich wie der Knoblauch). Die Lauchzwiebeln *(A. cepa* var. *fistulosum)* entwickeln keine dicken Zwiebeln, sondern wie der Porree lange Schlotten (röhrenförmige Triebe). Auch bei den Winterheckenzwiebeln *(A. fistulosum)* werden die Schlotten genutzt. Diese Zwiebel ist winterhart und kann über viele Jahre auf dem Beet bleiben. Die Schalotten *(A. cepa var. ascalonicum)* sind wiederum den Küchenzwiebeln ähnlich. Sie bilden allerdings nicht nur eine Zwiebel, sondern pro Pflanze mehrere Tochterzwiebeln.

Anbau und Pflege

Die Küchenzwiebel und die verwandten Varietäten brauchen lockeren, durchlässigen Boden, der sich gut erwärmt. Man kann sie im Frühjahr direkt in Reihen säen oder vorkultivieren und auspflanzen. Am einfachsten ist aber bei den zwiebelbildenden Sorten der Anbau mit Steckzwiebeln, die man im Gartenfachhandel preiswert bekommt. Diese sollten klein und fest sein (etwa haselnussgroß).

Nach dem Stecken im März/April ist das Hacken sehr wichtig, damit der Boden locker und die Feuchtigkeit erhalten bleibt. Sobald das Laub der Zwiebeln im Sommer verwelkt, beginnt die Erntezeit. Sie werden dann aus dem Boden gezogen und bleiben zur Nachreife noch auf dem Beet liegen. Ausgenommen sind die winterharten und die mehrjährigen Varietäten. Man kann zur Samengewinnung auch einige Küchenzwiebeln ausreifen lassen. Sie bringen dann im zweiten Jahr Blütenschäfte hervor, woraus Samen reifen.

Alle Zwiebeln eignen sich u. a. für Mischkulturen mit Karotten und Salat. Kohlgemüse und Bohnen sind dagegen schlechte Partner. Küchenzwiebeln bringen ohne großen Aufwand sichere Erträge.

Porree (Allium porrum)

Merkmale

Das Zwiebelgemüse unterscheidet sich von der Küchenzwiebel dadurch, dass es keine Zwiebel bildet, sondern einen dicken Schaft. Der Schaft setzt sich aus langen, linealnervigen Blättern zusammen. Die Blütenstände bilden sich erst im zweiten Jahr an ausgewachsenen Pflanzen aus.

Anbau und Pflege

Sommer- und Herbstsorten werden im Frühjahr im Haus gesät und im April ausgepflanzt. Die Aussaat

Porree kann den Winter über auf dem Beet bleiben und ständig geerntet werden.

von Winterporree erfolgt nach den letzten Frösten im Mai ins Freiland. Kräftige Sämlinge werden im Sommer auf gleichmäßige Abstände vereinzelt. Auch bei diesem Zwiebelgewächs ist die Mischkultur mit Karotten sehr günstig. Sie halten die Zwiebelfliegen fern. Porree braucht gut gedüngten Boden, zumal er eine lange Entwicklungsdauer hat. Lange weiße Schäfte bekommen die Porreestangen, wenn man die Reihen von den Seiten mit Erde anhäufelt. Winterporree kann bis zum Frühjahr im Beet bleiben. Er ist frosthart.

Knoblauch (Allium sativum)

Merkmale

Neben Küchenzwiebeln *(Allium cepa),* dem Schnittlauch *(Allium schoenoprasum)* und den Schalotten *(Allium ascalonicum)* gedeihen im Garten viele andere Alliumarten. Einen besonderen Platz in der Reihe der Zwiebelgewächse *(Alliaceae,* früher Liliengewächse) nimmt der Knoblauch ein.

Nach geschichtlichen Überlieferungen hatte der Knoblauch schon zur Zeit der alten Ägypter einen hohen Wert als Nahrungsmittel. Viele scheuen den Knoblauchgenuss wegen des unangenehmen Geruchs, den man nach ausgiebigem Verzehr verströmt. Ein probates Mittel gegen die schwefelartigen Ausdünstungen gibt es leider noch nicht, obwohl verschiedene Hausrezepte empfohlen werden. Doch weder Milch noch Fenchelsamen oder andere „Hemmer" können den penetranten Knoblauchgeruch, der durch alle Poren strömt, unterdrücken. Die einzige wirksame Methode der Geruchsverminderung besteht darin, die Knoblauchzehen kurz in heißem Wasser zu kochen und nach dem Blanchieren in Gläser mit Olivenöl einzulegen. Diese Zehen behalten ihren typischen Geschmack und den „Biss". Sie verursachen aber keine üblen Gerüche. Mit Gartenkräutern wie Thy-

Einige Knoblauchsorten bilden zwischen den Schlotten Schäfte mit Brutzwiebeln.

Anbau und Pflege

Die Kultur von Knoblauch im Garten ist recht einfach. Er lässt sich durch Zehen vermehren. Dazu können Zwiebeln aus dem Handel dienen, die zerteilt und dann in vorbereiteten Boden gesteckt werden. Besser sind aber Zwiebeln aus dem eigenen Garten oder regionale Züchtungen, die sich bereits bewährt haben. Der Standort sollte vollsonnig sein und auf einem durchlässigem Boden liegen. Wichtig ist ein guter Wasserabzug. Staunässe ist schädlich.

Die Pflanzung von Knoblauch ist in Mischkultur mit anderen Gemüsen oder mit Erdbeeren möglich. Knoblauch soll eine pilzhemmende Wirkung haben, obwohl dies bislang nicht wissenschaftlich nachgewiesen ist. Jedenfalls stören sich die Pflanzen gegenseitig nicht. So breiten sich beispielsweise Erdbeeren flächig aus, während die Knoblauchschlotten nach oben treiben. Freie Pflanzflächen sind auch neben Rosen und anderen Zierpflanzen oder unter Obstbäumen und Beerensträuchern zu finden. Recht dekorativ wirken Knoblauchsorten, die Brutzwiebeln entwickeln. Diese bringen im Sommer zwischen den grünen Schlotten lange Schäfte hervor, an denen kleine vollwertige Zwiebelchen sitzen. Die können zur Vermehrung genutzt oder auch direkt in der Küche verwertet werden.

Pflanzzeit für Knoblauch ist im Spätsommer und Herbst oder im Frühjahr. Bei der Pflanzung im September oder Oktober wachsen die Zehen – wie andere Zwiebelpflanzen – noch vor dem Winter an und bilden bis zur Erntezeit im nächsten Jahr kräftige Knollen (Zwiebeln). Die Pflanzung ist auch im Frühjahr möglich. Dazu kommen die Zehen im Abstand von 15 bis 20 cm etwa 2 cm tief in gut gelockerten Gartenboden, der mit Kompost und Sand vermischt wurde. Die Zehen bilden Wurzeln und bringen dann die langen kantigen Blätter hervor. Eine besondere Pflege ist neben der Bewässerung nicht nötig.

Die Erntezeit richtet sich nach der Laubwelke. Sobald sich die Schlotten etwa im August gelb färben, können die Zwiebeln geerntet und zum Nachtrocknen ausgebreitet werden. Der Knoblauch ist allerdings ausdauernd. Er kann viele Jahre auf dem Beet bleiben. Hier bilden sich zunehmend üppigere Horste (Bestände), die im Winter grün bleiben. Die Knoblauchkultur ist auch im Kübel möglich. Die vitalen Pflanzen gedeihen wie Schnittlauch oder Zwiebeln selbst in Balkonkästen, wenn sie dort reichlich Nährstoffe und Wasser bekommen.

mian oder Liebstöckel und anderen Gewürzen (je nach Geschmack) lassen sich die eingelegten Knoblauchzehen noch aufwerten. Gelegentlich gibt es solche Produkte in Feinkostabteilungen zu kaufen. Es lohnt sich vor der Herstellung größerer Mengen zunächst eine kleinere Probe anzusetzen.

Der Wert dieser besonderen Zwiebelpflanze ist unbestritten. Knoblauchzehen enthalten unter anderem ätherische Öle, insbesondere das Alliin, das eine bakterizide Wirkung hat. Knoblauch verbessert die Darmflora und dient als Hausmittel gegen Magen- und Darmbeschwerden. Bekannt ist der Wert des Knoblauchs als Heil- und Stärkungsmittel bei Kreislauf- und Herzbeschwerden.

Mehrjährige Gemüse im Garten

Artischocken mit ihren attraktiven Blüten sind auch im Ziergarten beliebt.

Artischocke
(Cynara scolymus)

Merkmale

Dieser prächtige Korbblütler *(Asteraceae)* wächst staudenartig und lässt sich an geschützten Plätzen mehrjährig kultivieren, wenn im Winter ein luftiger Frostschutz vor Kälte bewahrt. Der große Busch bringt im Sommer prächtige Blütenstände hervor, wenn sich die Knospen gut entwickelt haben. Nach dem Aufblühen sind sie allerdings nicht mehr genießbar.

Für die Küche werden die Blüten der Artischocke geerntet, ehe sie aufgehen.

Anbau und Pflege

Die Anzucht erfolgt im Spätwinter durch Aussaat im Haus. Kräftige Sämlinge lassen sich dann im Mai ins Freiland umsetzen. Die Pflanzen brauchen einen sonnigen Platz auf tiefgründigem nährstoffreichem Boden ohne Staunässe. Während der Wachstumszeit erhalten die Stauden reichlich Wasser. Damit sich kräftige Büsche bilden, ist eine Nachdüngung z. B. mit Kompost nützlich.

Im Sommer beginnt dann die Erntezeit. Im Herbst werden die Stauden mit Vlies eingepackt und mit Laub oder Stroh angehäufelt. Möglich ist auch eine Überwinterung im kühlen Keller. Dazu werden sie ausgegraben und in einen Kübel gesetzt.

Meerrettich
(Armoracia rusticana)

Merkmale

Die kräftige Wildstaude ist oft an Wegrändern und Schuttplätzen zu finden. Hier bildet sie dann üppige Büschel aus großen Blättern. Im Frühjahr bringt der Meerrettich weiße Kreuzblüten hervor.

Anbau und Pflege

Die Vermehrung von Meerrettich ist einfach durch Wurzelausläufer möglich. Diese werden in den gelockerten Boden gesetzt (nicht neben andere Kreuz-

Meerrettich breitet sich kräftig aus. Man sollte daher Wurzelbarrieren eingraben.

Großvaters Tipp

Der Geschamck des Meer-rettich bildet sich am besten heraus, wenn er nur grob geraspelt und nicht fein gerieben wird.

blütler wie Kohl oder Rettich). Damit die Pflanzen nicht zu sehr wuchern, erhalten sie eine Wurzelbarriere. Es dauert einige Jahre, bis sich kräftige Bestände gebildet haben. Dann kann man jederzeit frische Wurzeln ausgraben.

Spargel (Asparagus officinalis)

Merkmale

Die ausdauernde Staude gehört zu den anspruchsvollen Gemüsen. Man kann sie im Garten nur dann erfolgreich mehrjährig kultivieren, wenn sie in tiefgründigen lockeren Sandboden gepflanzt wird. Damit sich lange weiße Sprosse bilden, ist zudem das Anhäufeln mit Erde nötig. Die Pflanzung erfolgt im Frühjahr durch vorgetriebene Setzlinge aus der Gärtnerei. Dazu werden tiefe Gräben ausgehoben. Hier platziert man die Setzlinge in ausreichenden Abständen. Danach erfolgt das Aufschütten und Anhäufeln mit lockerer Erde, sodass die typischen Spargelhügel Form annehmen. In den ersten beiden Jahren sollen sich die Spargelpflanzen zunächst gut entwickeln. Sie dürfen ungehindert austreiben und ihre langen Stängel mit feingliedrigen Blättern bilden. Das Spargellaub wird jeweils im Herbst direkt über dem Boden abgeschnitten. Das verhindert die Entwicklung von Spargelfliegen.

Die erste Ernte gibt es im dritten Jahr, je nach Wetter von April bis Ende Juni. Zum Abtrennen der bleichen Jungtriebe werden diese vorsichtig freigelegt, nachdem sie aus dem Boden spitzen. Zum Spargelstechen nimmt man ein langes Messer. Ab Ende Juni dürfen keine Spargelstangen mehr geerntet werden, um die Pflanzen nicht zu sehr zu schwächen. Grünspargel wird genauso gepflanzt und gepflegt wie Bleichspargel. Nur das Anlegen von Hügeln ist nicht erforderlich.

Weißer Spargel wird geerntet, ehe die Stängel aus der Erde herauskommen.

Grüner Spargel wird geschnitten, wenn die Stängel etwa 20 cm lang sind.

Beim Rhabarber werden die jungen Blattstiele geerntet. Sie enthalten Oxalsäure.

Rhabarber
(Rheum rhaponticum)

Merkmale

Das Knöterichgewächs *(Polygonaceae)* bringt aus einem mehrjährigen Wurzelstock kräftige Stängel mit großen Blättern hervor. Im Sommer können die glänzend grünen, fächerförmigen Blätter einen Durchmesser von mehr als 50 cm erreichen. Wenn sie nicht zu stark abgeerntet werden, bringen alte Exemplare im Mai große weiße Blütenrispen mit einer Fülle an Einzelblüten hervor.

Anbau und Pflege

Neue Pflanzen sind durch Teilung zu gewinnen. Allerdings wird dadurch die alte Pflanze beschädigt. Deshalb ist es besser, Jungpflanzen aus der Gärtnerei zu besorgen. Die Pflanzung erfolgt an einem sonnigen Platz in tiefgründigen und nährstoffreichen Boden. Die Teilung ist im Frühjahr oder im Herbst möglich. Eine gute Wasserversorgung besonders zur Hauptwachstumszeit im Frühjahr fördert die Entwicklung kräftiger Stängel. Die Ernte sollte Ende Juni beendet werden, damit die Pflanzen nicht zu viel Substanz verlieren. Der Rhabarber lässt sich auch als Zierpflanze etwa am Gartenteich einsetzen.

Obst aus eigener Ernte

Auch im kleinsten Garten können Sie problemlos ein paar Beerensträucher unterbringen. Sie passen sogar ins Zierbeet und liefern schöne Früchte. Wer Kinder hat, sollte auf keinen Fall darauf verzichten, Erdbeeren anzubauen. Sie sind pflegeleicht und gehören zu den beliebtesten Früchten. Wenn Sie an einer sonnigen Hauswand ein Spalier bauen oder eine Pergola errichten, haben Sie ideale Voraussetzungen zum Anbau von Wein oder Kiwis. Für die Pflanzung von Obstbäumen muss zunächst allerdings ausreichend Platz vorhanden sein.

Erdbeeren sind der Renner

Erdbeere (Fragaria vesca)

Anders als Obstbäume und Beerensträucher, die zu den Gehölzen gehören, sind die Erdbeeren staudenartige Pflanzen. Sie bilden krautige Büschel, die im Herbst verwelken und in den Wurzeln überdauern. Im Frühjahr treiben sie dann wieder aus. Typisch sind die dreilappigen Blätter und die kleinen cremeweißen Blüten, die eine Verwandtschaft mit den Rosengewächsen erkennen lassen.

Die Früchte sind keine echten Beeren, sondern Scheinbeeren, zumal sie ihre Samen nicht innen bilden, sondern außen auf der Schale. Die Samen, die sich als kleine gelbe Pünktchen abzeichnen, sind botanisch gesehen Nüsse. Die Sammelnussfrüchte enthalten Vitamin C und Catichene, die antibakteriell wirken und zudem Schwermetalle binden können. Außerdem sind sie reich an Mineralstoffen, Spurenelementen, Ballaststoffen und anderen Wirkstoffen. Leider sind Erdbeeren nicht für alle Personen verträglich. Gelegentlich kommen nach dem Verzehr Hautausschläge vor. Vermutlich ist dies aber auf den Einsatz von Spritzmitteln zurückzuführen. Es lohnt sich, eigene Erdbeeren im Garten zu kultivieren, die, falls nötig, nur mit biologischen Mitteln behandelt werden.

Durch den Einsatz mehrerer verschiedener Sorten gibt es vom Juni bis zum Herbst ständig frische Früchte zu ernten. Neben großfrüchtigen Züchtungen sind auch kleinfrüchtige empfehlenswert. Diese mit den Wildarten nahe verwandten Pflanzen bilden den ganzen Sommer hindurch Früchte. Die Kultursorten sind dagegen auf eine Haupterntezeit beschränkt. Bei der Auswahl von Sorten für den Garten ist natürlich auch der Geschmack wichtig. Beim Probieren –

Großvaters Tipp

Erdbeeren, die zu früh geerntet wurden, reifen nicht nach. Außerdem sollte man sie – wenn überhaupt – erst kurz vor dem Verzehr zuckern, da sie sonst weich werden.

z. B. bei Bekannten oder Nachbarn – können gute Sorten gleich für die Vermehrung vorgemerkt werden. Die Stauden lassen sich auch als Zierpflanzen einsetzen. Sie bilden flächige Bestände, wenn sie sich ungehindert ausbreiten können.

Herkunft

Die wilde Walderdbeere ist weltweit in Regionen mit gemäßigtem Klima verbreitet. An der Züchtung war neben anderen Arten auch die Chile-Erdbeere (*F. chiloensis*) beteiligt. Mittlerweile sind mehr als 1000 Sorten verbreitet. Neben großfrüchtigen Sorten, die nur einige Jahre tragen, sind in Versandgärtnereien auch ausdauernde Monatserdbeeren zu bekommen. Sie dienen vorzugsweise als Bodendecker.

Standort

Erdbeeren wachsen auf jedem Gartenboden. Den typischen Waldpflanzen bekommt eine reichliche Humusversorgung gut. Die großfrüchtigen Sorten bleiben nur wenige Jahre vital. Für sie ist ein Standortwechsel nötig. Die Monatserdbeeren sind langlebig und viele Jahre ertragsfähig. Der Standort kann halbschattig liegen. Zur Fruchtreife ist natürlich ein sonniger Platz günstiger.

Pflanzung

Eine günstige Pflanzzeit ist im Spätsommer. Dann wachsen die Pflanzen noch vor dem Winter an und

Frisch geerntete Erdbeeren aus dem Garten sind viel aromatischer als gekaufte.

bringen im nächsten Jahr schon eine üppige Ernte hervor. Möglich ist aber auch eine Pflanzung im Frühjahr.

Die ersten Erdbeeren reifen im Juni. Sie leiten die Obsterntezeit ein. Der Hauptertrag der großfrüchtigen Sorten setzt im dritten Jahr ein. Danach bauen sie ab, sodass eine Nachpflanzung erforderlich wird. Diese sollte jedoch nicht am selben Standort erfolgen, weil der Boden ausgezehrt und mit Stoffwechselausscheidungen angereichert ist. Vielmehr ist ein Standortwechsel nötig. Bewährt hat sich eine Reihenpflanzung. Sie erleichtert die Pflege und die Ernte. In Erdbeerplantagen erfolgt die Pflanzung auf kleinen Dämmen. Besonders auf schweren Böden bleiben die Pflanzen hier gesünder, weil die Wurzeln nicht mit Nässe zu kämpfen haben und der Boden besser

belüftet wird. Im Garten ist sowohl eine Reihenpflanzung möglich als auch eine Gruppenpflanzung in Verbänden. Zur besseren Platzausnutzung lassen sich Erdbeeren auch unter Obstbäumen und zwischen Sträuchern einsetzen.

Wer keinen Garten hat oder keinen freien Platz, kann die Stauden sogar in Kübeln kultivieren. Hier haben sich Hängeerdbeeren bewährt.

Pflege

Nach der Pflanzung ist ausreichende Wasserversorgung bei Trockenheit nötig. Von Vorteil ist eine Mischkultur mit Knoblauch, der Grauschimmel abhält. Während der Blütezeit und Fruchtbildung empfiehlt sich das Mulchen mit Stroh, das die Früchte luftig und sauber hält.

Stroh zwischen den Erdbeerpflanzen hält die Früchte trocken und sauber.

Beerenobst hat überall Platz

Beerenobst ist besonders beliebt, weil die Früchte einen angenehmen süßsäuerlichen Geschmack aufweisen und dazu viele Vitamine und Mineralstoffe enthalten.

Sie sind aber auch ausgesprochen empfindlich und bekommen bei unsachgemäßem Transport schnell Druckstellen. Das Angebot auf den Märkten ist aus diesem Grund meist nicht besonders reichhaltig. Umso mehr bietet es sich an, selbst Beerensträucher im Garten zu kultivieren, weil dann die beste Qualität unmittelbar frisch geerntet werden kann.

Tipps für die Verarbeitung und Zubereitung

Alle Beerenfrüchte sollten Sie nach der Ernte nur kurz waschen. Die Stängel, Blütenblätter und Kelche werden am besten erst unmittelbar vor dem Verzehr oder der Weiterverarbeitung entfernt. So vermeiden Sie, dass unnötig Saft austritt und Aromastoffe verloren gehen. Je nach Geschmack gibt man zu rohen Beeren etwas Zucker. Gern werden die Früchte auch zu Marmeladen, Gelees oder Saft verarbeitet.

Johannisbeeren lassen sich in jedem Garten unterbringen. Die meisten Sorten sind rot, es gibt aber auch aromatische weiße Sorten.

Johannisbeere (Ribes-Sorten)

Merkmale
Die Rote Johannisbeere stammt von verschiedenen Wildarten ab, die in Europa und Westasien heimisch sind. Die kleinen Gehölze aus der Familie der Steinbrechgewächse *(Saxifragaceae)* haben in jedem Garten Platz. Obwohl die Pflanzen selbstfruchtbar sind, sollten stets mehrere Exemplare verschiedener Sorten gesetzt werden. Das begünstigt die Befruchtung und verlängert die Erntezeit.

Das Sortiment bietet diverse rote, schwarze und gelbe bzw. weiße Züchtungen in Strauch- oder auch Stammform. Die Schwarze Johannisbeere mit ihrem kräftigen Aroma gehört bei uns zu den wertvollsten Früchten mit einem besonders hohen Vitamin-C-Gehalt.

Standort
Alle Johannisbeersorten gedeihen am besten auf humosen Böden mit guter Wasserführung. Der Standort kann sonnig oder halbschattig sein.

Pflege
Neben dem regelmäßigen Auslichtungsschnitt, der die Verjüngung fördert, bekommt den Johannisbeerbüschen oder -bäumchen das Mulchen mit Kompost oder Grasschnitt gut. Es hält den Boden feucht und schützt das flache Wurzelwerk. Bei Stammformen, die auf wilde Goldjohannisbeeren veredelt sind, müssen gelegentlich Wildtriebe aus den Veredelungsunterlagen entfernt werden.

Stachelbeere (Ribes uva-crispa)

Merkmale
Wie die Johannisbeerbüsche zählen diese kleinen Sträucher oder Stämmchen nicht – wie die meisten Obstgehölze – zu den Rosengewächsen *(Rosaceae)*, sondern zu den Steinbrechgewächsen *(Saxifragaceae)*. Die mit Dornen bewehrten Gehölze entwickeln aus selbstfruchtbaren Blüten je nach Sorte rote, gelbe oder grüne Früchte. Die Pflanzung verschiedener Sorten verlängert die Erntezeit und macht unabhängiger gegen Ausfälle durch Krankheiten.

Standort
Die flachwurzelnden Büsche oder Bäumchen brauchen einen sonnigen Platz, etwa als kleine Hecke

Stachelbeeren reifen je nach Sorte von Mitte Juni bis in den August.

neben dem Gemüsegarten, mit reichlicher Humusversorgung.

Pflege

Der Schnitt im Spätwinter ist wichtig, um der vorzeitigen Vergreisung entgegenzuwirken. Zudem bekommt den Beerenobstpflanzen das Mulchen mit Kompost, Grasschnitt und dergleichen gut. Stämmchen brauchen ständig eine Stütze, damit die Kronen nicht umknicken.

Tipp

Viele Sorten haben immer wieder mit Mehltau zu kämpfen. Sie lassen sich kaum durch Spritzungen heilen. Wählen Sie deshalb solche Sorten, die resistent oder weniger anfällig für diese Pilzkrankheit sind.

Großvaters Tipp

Für die Verwendung in Konfitüren und Kompotten sollten Stachelbeeren gepflückt werden, sobald sie einen Durchmesser von 1 bis 1,5 cm haben.

Jostabeere
(Ribes x nidigrolaria)

Sie ist durch Kreuzung von Schwarzen Johannisbeeren mit Stachelbeeren entstanden. Die Früchte sind fast so groß wie Stachelbeeren und schmecken nach schwarzen Johannisbeeren. Die Sträucher erreichen auch die Größe von Johannisbeerbüschen. Jostabeeren enthalten viel Vitamin C und wirken gegen Erkältungskrankheiten.

Standort

Wie Johannisbeeren brauchen auch Jostabeeren einen Platz auf humosem Boden. Der Standort kann halbschattig sein. Ideal ist eine Gruppenpflanzung mit Johannisbeeren. Die Sträucher sind allerdings selbstfruchtbar und tragen auch in Einzelstellung.

Jostabeeren sind ein Kreuzung aus Schwarzen Johannisbeeren und Stachelbeeren.

Pflege

Das Mulchen des Bodens mit Kompost, Rindenmulch oder anderen organischen Stoffen hält den Boden feucht und trägt zur Humusversorgung bei. Im Winter erhalten die Büsche einen maßvollen Auslichtungsschnitt. Dabei genügt es, einige alte Zweige direkt am Boden zu entfernen. Das begünstigt die Verjüngung und wirkt einer Vergreisung entgegen.

Himbeere (Rubus idaeus)

Merkmale

Diese typische Waldpflanze zählt zu den Halbsträuchern. Sie entwickelt keine ausdauernden Zweige, sondern bildet kurzlebige Bodentriebe. Als sogenannte Pionierpflanzen breiten sich Himbeeren stark durch Wurzelausläufer aus. Im Handel sind verschiedene Sorten erhältlich, die sich besser für den Garten eignen als Wildpflanzen.

Standort

Himbeeren brauchen lichte Plätze mit lockerem Boden. Das Mulchen mit Kompost, Grasschnitt und dergleichen hält sie gesund und wüchsig. Sehr gut bieten sich z. B. Hanglagen oder andere ungenutzte Flächen an, wo sie sich ausbreiten dürfen. Sonst sind sie besser an einem gepflegten Spalier aufgehoben.

Pflege

Die kurzlebigen Ruten müssen nach der Ernte abgeschnitten werden. Die Jungtriebe, die sich während des Sommers immer wieder aus dem Boden bilden, werden ausgedünnt und an ein Gerüst geheftet.

Himbeeren gehören zu den köstlichsten Früchten für den Rohverzehr.

Wichtig ist es, kranke Ruten unverzüglich abzu-
schneiden und zu verbrennen.

Brombeere (Rubus-Sorten)

Merkmale
Die erhältlichen Gartenbrombeeren sind durch Selek-
tion und Kreuzung verschiedener Wildarten entstanden. Es gibt sommergrüne und immergrüne
Züchtungen sowie dornenlose und solche mit
bewehrten Trieben. Es sind Halbsträucher, die kein
Geäst entwickeln, sondern kurzlebige Zweige. Brombeeren blühen im Sommer und fruchten im Herbst.

Standort
Wer genügend Platz etwa an einem ungenutzten
Hang hat, kann diese wüchsigen Halbsträucher ver-
wildern lassen. Bei strenger Kultur brauchen sie ein
Spalier oder eine Kletterhilfe. Das kann auch ein
Drahtzaun sein. Auf jeden Fall ist ein humoser Boden
nötig.

Pflege
Eine strenge Erziehung ist nicht möglich, zumal die
Triebe nur wenige Jahre erhalten bleiben. Vielmehr
ist eine ständige Verjüngung nötig. Dazu werden
nach der Ernte im Herbst oder im Spätwinter immer
wieder einige alte Ruten entfernt. Junge Triebe
bleiben erhalten. Falls nötig (bei Gefahr von strengen
Frösten), bekommen sie einenWinterschutz. Außer
der Verjüngung ist eine reichliche Humusversorgung,
etwa durch das Mulchen mit Kompost, nützlich.

Heidelbeere (Vaccinium corymbosum)

Merkmale
Neben der heimischen Wildart gibt es Kulturheidelbeeren, die ursprünglich aus Nordamerika stammen.
Sie bilden größere Büsche und entwickeln aus kleinen
selbstfruchtbaren Glockenblüten
etwa kirschgroße Früchte. Durch

Großvaters Tipp
*Um Schimmelbildung vor-
zubeugen, sollten Brombeeren direkt
nach der Ernte weiterverarbeitet werden.*

Brombeeren enthalten sehr viel Zucker und verschiedene wert-
volle Vitamine.

Die Kulturheidelbeere stammt aus Nordamerika und kann kirschgroß werden.

Züchtung sind verschiedene Sorten entstanden, die gleichermaßen anbauwürdig sind.

Standort

Heidelbeeren zählen wie Eriken und Rhododendren zu den Moorbeetpflanzen. Sie brauchen sauren Boden. Auf normalem, kalkhaltigem Gartenboden bekommen sie gelbe Blätter, tragen nur winzige Früchte und verkümmern. Sie brauchen also ein eigenes Beet mit selbstgemischtem Moorbeetsubstrat oder fertiger Rhododendronerde. Der Standort sollte halbschattig liegen.

Pflege

Kulturheidelbeeren bekommt man in gut sortierten Gärtnereien als kräftige Containerpflanzern. Die robusten und frostharten Büsche brauchen außer der regelmäßigen Nährstoff- und Wasserversorgung keine besondere Pflege. Allerdings darf der Boden nie austrocknen.

Tipp

Heidelbeerbüsche lassen sich zusammen mit Preiselbeeren und Rhododendren in einem eigenen Moorbeet in Gruppen pflanzen. Dazu ist ein Erdaustausch nötig.

Obst liefernde Kletterpflanzen

Weinrebe (Vitis vinifera)

Merkmale

Diese heimische Waldpflanze kann bis zu 20 m Höhe erreichen, wenn sie eine entsprechende Kletterhilfe findet. Sie lässt sich aber auch in 1 m Höhe halten, wenn sie streng geschnitten wird.

Im Garten zieht man Weinstöcke am besten an Spalieren. Weinreben sind selbstfruchtbar. Es genügt also ein Exemplar, obwohl die Pflanzung verschiedener Sorten zu empfehlen ist.

Standort

Reben brauchen tiefgründigen, nährstoffreichen Boden mit guter Wasserführung in vollsonniger Südlage. Ideal sind Spaliere an einer Südwand. Gut eignet sich aber auch eine Pergola, wo die Rebe zur Gestaltung dient und mit der Zeit eine dichte Laube bildet. Gleichermaßen kann sie zur Begrünung eines Zaunes eingesetzt werden.

Pflege

Die Pflege richtet sich nach der Erziehungsform und nach der gewünschten Qualität der Früchte. Während freiwachsende Spaliere, die ungehindert ohne Schnitt wachsen dürfen, keine besondere Pflege brauchen, darf bei strengen Formen, etwa als Fächer oder als Schnurstock, der jährliche Winter- und Sommerschnitt nicht versäumt werden.

Zudem ist bei noch empfindlichen Jungpflanzen ein Frostschutz zu empfehlen.

Tipp

Wählen Sie auch für den Garten reblausresistente Pfropfreben, die für Erwerbsanbaugebiete ohnehin vorgeschrieben sind. Besonders zu empfehlen sind neue Züchtungen, die weniger oft von Mehltau und anderen Krankheiten befallen werden.

Weinreben sind die ideale Begrünung für Pergolen, die im Sommer mit ihrem Blätterdach Schatten spenden sollen.

Kiwis sind ursprünglich zweihäusig. Nur einige neuere Züchtungen sind einhäusig.

Kiwi (Actinidia arguta und A. chinensis)

Die braunen Früchte haben sich vor einigen Jahrzehnten auf unseren Obstmärkten etabliert. Die meisten Kiwis kommen nach wie vor aus Neuseeland. Sie lassen sich aber auch im Garten kultivieren. Die bekannten Kiwis gehören zu *Actinidia chinensis*. Die neueren „Weihenstephaner Kiwis" stammen von *Actinidia arguta* ab. Beide sind asiatische Gewächse. Sie wachsen vorwiegend in China wild. Für den Garten kommen sowohl die großfrüchtigen *Actinidia chinensis*, als auch die kleinfrüchtigen *Actinida arguta* in Frage. Letztere werden übrigens schon lange Zeit als Kletterpflanzen kultiviert und zwar unter dem Namen „Strahlengriffel". Die Entscheidung für große oder kleine Kiwis ist von der Lage abhängig. Die großfrüchtige Actinidia chinensis ist deutlich frostempfindlicher als die kleinfrüchtige A. arguta.

Standort
Beide Arten und natürlich auch alle Sorten sind Schlingpflanzen (anders als etwa Weinreben, die Ranken entwickeln). Sie brauchen ein Gerüst, das sie umschlingen können. Ideal sind etwa Pergolen oder Wandspaliere.

Pflege
Junge Kiwipflanzen sollten in den ersten Jahren nach der Pflanzung einen Frostschutz bekommen. Sobald sie verholzt sind, stehen sie auch strenge Winter schadlos durch. Das Heften der Triebe und das Auslichten hält die Pflanzen in Form. Sie können streng an einem Spalier gezogen werden oder auch frei wachsend auf einer Pergola.

Tipp
Beide Arten sind gleichermaßen zweihäusig. Das heißt, es gibt weibliche und männliche Pflanzen. Um Früchte zu bekommen, müssen mindestens zwei Exemplare verschiedenen Geschlechts gepflanzt werden. Auch die Weihenstephaner Kiwi alias 'Weiki' ist zweihäusig. Nur einige neue *Actinidia-chinensis*-Sorten sind einhäusig; so etwa 'Boskoop', eine holländische Züchtung. Bei ihnen sind die weiblichen und männlichen Blütenorgane voll ausgebildet und funktionsfähig.

Die im Herbst reifenden Früchte müssen im Haus noch etwas nachreifen.

Obstgehölze im Porträt

Von allen gängigen Obstgehölzen gibt es unzählige Sorten im Angebot. Kaufen Sie Qualitätsware von Sorten, die in Ihrer Region gut gedeihen.

Kernobst

Beim Kernobst gibt es unterschiedliche Kronen-formen, die von der Art, von der Sorte, von der Unterlage und vom Schnitt beeinflusst werden. Die Arten, also Apfel-, Birn- und Quittenbäume, unter-scheiden sich in der Wuchsform und -stärke recht deutlich voneinander. So wachsen Apfelbäume breit und kugelig, Birnbäume ziemlich schlank und auf-recht und Quitten wiederum ähnlich den Apfel-bäumen breit und kugelig.

Entscheidend werden Apfel- und Birnbäume von der Veredelungs-Unterlage bestimmt (das ist das Stämm-chen, worauf die Krone veredelt ist); die Quitten weniger, weil für sie nur zwei Unterlagen in Frage kommen. Für den Apfel gibt es die meisten verschie-denen Unterlagen; angefangen beim Sämling, der besonders große Kronen bildet, über die starkwüch-sigen Typen-Unterlagen (spezielle Züchtungen) wie etwa Typ M 11 und M 25, die über 5 m hohe Bäume hervorbringen können, weiterhin über die mittelstark wachsenden Typen, wie etwa M 4 oder M 7, die ca. 3 bis 4,5 m hohe Bäume entwickeln, bis hin zu den schwach wachsenden Typen, wie etwa M 9 oder M 27, die nur 1,5 bis 3 m hohe Bäumchen bilden. Bei der Birne dienen vorwiegend Sämlinge und Quitten-Unterlagen als Veredelungsunterlagen, wobei Säm-linge einen kräftigen Wuchs und Quitten einen schwachen Wuchs bewirken.

Gesunde und gepflegte Apfelbäume tragen in guten Jahren reichlich Früchte.

Apfel (Malus domestica)

Merkmale
Dieses Kernobstgehölz ist weltweit in allen gemä-ßigten Regionen verbreitet. Es gibt davon mehr als 1000 Sorten, die alle ursprünglich von Wildapfel-bäumen (*M. sylvestris*) abstammen. Sämlinge bringen meistens nur kleine Früchte (Holzäpfel) hervor. Die Sorten werden deshalb durch Veredelung vermehrt. Es gibt verschiedene Baumformen und zwar vom klein bleibenden Spindelbusch bis zum mächtigen Hochstamm. Die Blütezeit dauert je nach Sorte von April bis Mai. Reife Früchte gibt es mit den Früh-sorten bereits Ende Juli. Späte Sorten bleiben in einem kühlen Winterlager bis zum Frühjahr frisch.

Standort
Apfelbäume gedeihen als typische Waldrandpflanzen an weniger günstigen Gartenplätzen auch in Nord-lagen. Natürlich lassen sie sich ebenso an vollsonnige Plätze setzen. Wichtig ist ein tiefgründiger, stets gut durchfeuchteter Boden ohne Staunässe.

Pflege
Nach der Pflanzung darf die Erziehung von Jung-bäumen mittels Schneiden und Heften nicht vernach-lässigt werden. Richtig erzogene Kronen brauchen dann nur noch ein wenig ausgelichtet zu werden. Gut bekommt den Bäumen eine reichliche Kompostver-sorgung im Wurzelbereich.

Tipp
Apfelbäume sind selbstunfruchtbar. Es sind also meh-rere Exemplare nötig, um Früchte zu bekommen. Pflanzen Sie also stets mehrere Sorten in Gruppen. Natürlich können ebenso Bäume in benachbarten Gärten als Pollenspender dienen. In Gartensiedlungen ist die Befruchtung gesichert.

Birne (Pyrus communis)

Merkmale
Dieses Kernobst wird – wie der Apfel – in allen gemäßigten Regionen der Erde angebaut. Es gibt ungezählte Züchtungen, die alle von der Wildbirne stammen. Diese entwickelt einen mächtigen Baum mit kleinen, holzigen Früchten (Holzbirnen). Für den Garten eignen sich veredelte Sorten besser, insbeson-

Birnen werden in den gemäßigten Zonen überall auf der Welt angebaut. Hier eine Mostbirne für die Saftherstellung.

dere die schwachwachsenden Veredelungen auf Quitten-Unterlagen.

Standort

Birnbäume brauchen einen sonnigen Stand auf tiefgründigen Böden mit gutem Wasserabzug. Am besten gedeihen sie auf lehmigen Sandböden. Besonders gut lassen sie sich als Spaliere an einer Südwand ziehen.

Pflege

Die Pflege richtet sich nach der Erziehungsform. Hochstämme auf Sämlingsunterlagen brauchen nach der Erziehung und Formgebung in den ersten Jahren später nur gelegentlich einen Auslichtungsschnitt. Bei eher schwach wachsenden Buschbäumchen wirkt ein regelmäßiger Schnitt der vorzeitigen Vergreisung entgegen. Spalierbäumchen müssen am jeweiligen Gerüst gezogen werden.

Tipp

Birnen können auch ohne Bestäubung Früchte entwickeln (Jungfernfrüchtigkeit). Dennoch ist es förderlich, mehrere Sorten zu pflanzen, die sich dann gegenseitig bestäuben. Eine gute Befruchtersorte ist die 'Williams Christbirne'.

Quitte (Cydonia oblonga)

Merkmale

Mit das Erste, was die Lehrlinge in den Baumschulen kennenlernen, sind die Quitten. Der Biss in einen solchen „Apfel" ist äußerst einprägsam. Roh sind die Früchte knochenhart und kein Genuss. Die kleinen Bäumchen aus dem persischen Raum blühen ähnlich wie Apfelbäume weiß und fallen dann natürlich auch durch ihre Früchte auf. Sie werden erst geerntet, wenn der Flaum verschwindet und die Schale einen glänzend glatten Teint bekommt.

Standort

Im Garten passen Quitten gemeinsam mit anderem Strauchobst wie Felsenbirnen, Haseln oder Kornelkirschen in pflegeleichte Obsthecken oder auch freiwachsend etwa an Terrassen oder in den Vorgarten. Der Boden sollte tiefgründig, locker und kalkarm sein. Auf schweren, kalkhaltigen Böden bekommen sie leicht Chlorosen (erkennbar an gelben Blättern).

Pflege

Quitten bilden große Büsche, die Apfelbuschbäumen sehr ähnlich sind. Sie lassen sich bis zum Boden beastet als Sträucher ziehen oder auch als kleine Stammbäumchen, wenn die unteren Äste entfernt werden. Sonst brauchen sie keine besondere Pflege.

Tipp

Es genügt ein Exemplar, um Früchte zu bekommen, denn Quitten sind selbstfruchtbar. Natürlich lassen sich auch mehrere Pflanzen nebeneinander kulti-

Die besonders aromatischen Apfelquitten sind meist etwas härter als die Birnenquitten.

vieren, so etwa Apfel- und Birnenquitten in verschiedenen Sorten (z. B. 'Bereczki', 'Vranja' oder die 'Konstantinopeler'). Die Sorten werden oft auf Weißdorn veredelt. Dann ist bei der Pflege auf Wildtriebe aus der Veredelungsunterlage zu achten. Diese müssen unverzüglich entfernt werden.

Steinobst

Beim Steinobst gibt es einige markante Unterschiede zwischen den verschiedenen Arten. Grundsätzlich ist wie beim Kernobst der Erziehungsschnitt entscheidend für den Wuchs. Später muss in der Regel nur noch ausgelichtet werden (mit Ausnahme des Pfirsichs, der wegen seiner Frostempfindlichkeit manchmal stark zurückzuschneiden ist). Anders als beim Kernobst, das sehr schnittverträglich ist und selbst einen Rückschnitt ins alte Holz recht gut verträgt, reagiert das Steinobst auf den Schnitt häufig mit „Gummifluss" (Austritt von gummiartiger Flüssigkeit).

Süßkirsche (Prunus avium)

Die wilde Vogelkirsche ist die „Mutter" aller Süßkirschen-Sorten. Dieses heimische Wildgehölz erwächst zu einem mächtigen Baum. Auch die meisten Veredelungen brauchen viel Raum zur Entfaltung. Alle Sorten sind selbstunfruchtbar. Es sind also mehrere Bäume erforderlich (z. B. auch in Nachbargärten), damit es zur Bestäubung der Kirschblüten und zur Fruchtentwicklung kommt.
Je nach Sorte dauert die Reifezeit der Früchte etwa vom Juni bis zum Juli. Die besonders schmackhaften „Herzkirschen" sind weichfleischig und daher wenig transportfest. Sie werden auch entsprechend seltener im Handel angeboten. Häufiger findet man die knackigen und festfleischigen „Knorpelkirschen".

Standort
Süßkirschenbäume brauchen tiefgründige, lehmhaltige Böden mit guter Durchlüftung und Wasserführung. Staunässe vertragen sie nicht. Zudem benötigen sie genügend Raum, um ihre großen Kronen zu entfalten. Ein sonniger Standort begünstigt die Fruchtreife.

Pflege
Nach der Erziehung sollten Süßkirschen nur wenig geschnitten werden, zumal sie von Natur aus breite, lichte Kronen entwickeln. Nur dürres Holz ist unverzüglich zu entfernen.

Sauerkirsche (Prunus cerasus)

Die Sorten dieses Steinobstbäumchens stammen von der wilden Weichselkirsche. Sie bleiben wesentlich kleiner als Süßkirschenbäume und entwickeln mehr oder weniger überhängende Triebe. Die Früchte entwickeln sich aus weißen Blüten je nach Sorte im Juni/Juli. Sie dienen mehr zur Konservierung als für den Frischverzehr. Es gibt selbstfruchtbare und selbstunfruchtbare Sorten. Ein Sortenmix fördert die Befruchtung.

Standort
Für gutes Gedeihen brauchen Sauerkirschbäumchen einen tiefgründigen Boden mit guter Wasserführung in sonniger Lage.

Pflege
Anders als Süßkirschenbäume bekommt den Sauerkirschbäumen ein gelegentlicher Auslichtungsschnitt gut, zumal sie dichte Kronen entwickeln. Vor allem sollten immer wieder stark überhängende Triebe – sogenannte Peitschentriebe – eingekürzt werden. Das kann im Sommer nach der Ernte oder auch im Spätwinter geschehen.

Sauerkirschen werden vor allem zum Einmachen angebaut.

Pflaume, Zwetschge, Reneklode, Mirabelle (Prunus domestica)

Neben Kirschen, Pfirsichen und Aprikosen gehören Pflaumen zu den wichtigsten Steinobstarten im Garten. Zu den Pflaumen zählen auch die Zwetschgen, Renekloden und Mirabellen, die sich im Wesentlichen nur in der Fruchtform und Farbe sowie im Geschmack unterscheiden.

Alle Pflaumen heißen botanisch *Prunus domestica*. Sie stammen ursprünglich aus dem Kaukasus und wurden wahrscheinlich – wie viele Obst-Arten – von den Römern im Mittelmeerraum und später auch nördlich der Alpen angesiedelt. Im Frühjahr sind die Bäume mit weißen Blüten übersät. Im Spätsommer bringen sie reichlich Frucht. Zwetschgen oder auch Zwetschen haben eine typische ovale Form und eine blaue Haut. Die bekanntesten sind die 'Hauszwetschgen'. Ähnliche Früchte trägt die 'Italienische Zwetschge'. Ihre Früchte sind aber deutlich größer als 'Hauszwetschgen'. Pflaumen unterscheiden sich durch die runde Fruchtform und die rote oder gelbe Farbe. Bekannte Sorten sind 'Königin Viktoria' und die 'Ontariopflaume'. Renekloden oder Reneclauden sind ebenfalls rund. Es gibt rote, gelbe und blaue Sorten, so etwa 'Graf Althans', 'Große Grüne Reneclaude' oder 'Quillins'. Auch die Mirabellen sind rund, aber deutlich kleiner. Die bekannteste ist wohl die 'Nancymirabelle'. Natürlich unterscheiden sich die Sorten auch im Geschmack, in der Reifezeit und in der Haltbarkeit. Der Ertrag ist sehr von der Bestäubung abhängig. Es gibt selbstfruchtbare und selbstunfruchtbare Sorten. Bei selbstfruchtbaren Sorten, wie etwa der 'Hauszwetschge' genügt ein Exemplar, um schöne Früchte zu bekommen. Selbstunfruchtbare Sorten, wie die 'Große Grüne Reneclaude' fruchten nur, wenn sie Blütenstaub von anderen passenden Sorten abbekommen.

Standort
Die robusten Bäumchen wachsen auf praktisch jedem Gartenboden. Er sollte nährstoffreich und wasserführend sein. Eine sonnige Lage begünstigt auf jeden Fall die Fruchtreife.

Pflege
Ungepflegte Pflaumenbäume haben häufig mit Krankheiten zu kämpfen. Neben dem Schnitt und der Vernichtung kranker Zweige ist Bodenpflege erfahrungsgemäß das beste „Pflanzenschutzmittel". Kompostgaben auf die Baumscheiben sichern die Nährstoffversorgung und erhalten die Bodenfeuchtigkeit. Bei Bäumen, die im Rasen stehen, sollte das Gras stets kurz gehalten werden.

Pfirsich (Prunus persica)

Dieses kleine Steinobstgewächs, das ursprünglich aus China stammt, bildet eher einen Großstrauch als einen Baum, da es kein kräftiges Geäst entwickelt. Die meisten Sorten sind selbstfruchtbar. Es genügt also ein Exemplar. Mischpflanzungen sichern aber

Zwetschgen sind länglich-oval, blauviolett und haben grüngelbes Fruchtfleisch.

Pfirsiche haben einen besonders hohen Gehalt an Vitamin E. Bei stark tragenden Bäumen muss man die Äste unterstützen, damit sie unter der Last nicht abbrechen.